DEVENIR UN MEILLEUR MUSULMAN

DEVENIR UN MEILLEUR MUSULMAN

*Voyage spirituel au cœur de l'islam
pour se rapprocher de Dieu*

Samir Amjid

Copyright © Samir Amjid - Décembre 2022

Tous les droits sont réservés. Aucune partie de cette publication ne peut être reproduite, distribuée ou transmise sous quelque forme ou par quelque moyen que ce soit, y compris la photocopie, l'enregistrement ou d'autres méthodes électroniques ou mécaniques, sans l'autorisation écrite préalable de l'éditeur, sauf dans le cas de brèves citations incorporées dans les critiques et certaines autres utilisations non commerciales autorisées par la loi sur le droit d'auteur. Toute référence à des événements historiques, à des personnes réelles ou à des lieux réels peut être réelle ou utilisée de manière fictive pour maintenir l'anonymat. Les noms, les personnages et les lieux peuvent être le produit de l'imagination de l'auteur.

"Que vous soyez musulman, chrétien ou juif n'a pas d'importance. Si vous croyez en Dieu, vous devriez penser que chaque être humain fait partie d'une seule et même famille."

Mohammed Ali

"La sagesse est la propriété perdue du croyant, alors prenez la sagesse, même chez les hypocrites."

Imam Ali

" Il y a un matin au fond de vous qui n'attend que d'éclater de lumière"

Rumi

SOMMAIRE

AVANT-PROPOS 1

Partie 1 - **QU'EST-CE QUE L'ISLAM ?** 5

   Chapitre 1 - Islam Et Monothéisme................................... 7

   Chapitre 2 - La Première Histoire De L'islam 12

   Chapitre 3 - L'idéal Islamique 20

   Chapitre 4 - La Propagation De L'islam 25

   Chapitre 5 - Où Les Musulmans Vivent Maintenant ... 33

Partie 2 - **LA CONSTRUCTION DE L'ISLAM** 39

   Chapitre 6 - Dénominations Et Interprétation.............. 41

   Chapitre 7 - Les Oulémas 44

   Chapitre 8 - La Charia 52

Partie 3 - **SOURIRES ET FRONCES: TYPES DE MUSULMANS**.. 59

   Chapitre 9 - Tradition 61

   Chapitre 10 - La Modernité 64

   Chapitre 11 - Religiosité 70

   Chapitre 12 - Tolérance 80

Partie 4 - **LA VISION MUSULMANE DU MONDE** 87

   Chapitre 13 - Dieu Et La Création 89

   Chapitre 14 - Anges, Djinns Et Forces Invisibles......... 99

   Chapitre 15 - Saints Et Miracles................................... 105

   Chapitre 16 - Naissance, Mort, Destin Et Jugement .. 109

CONCLUSION.. 121

AVANT-PROPOS

"La valeur de chaque homme est ce qu'il améliore."
Imam Ali

Bien que de nombreuses publications présentent l'islam aux lecteurs occidentaux, aucune d'entre elles, à ma connaissance, n'aiderait un lecteur à comprendre les musulmans comme Mehmet. Les introductions à l'islam décrivent généralement la foi telle qu'elle est censée être, ce qui peut même être le cas pour les plus dévoués. Dans cet ebook, je veux expliquer l'islam, à la fois tel qu'il est et tel qu'il est, couvrant à la fois les musulmans et l'islam en général.

Ce livre est créé pour les personnes qui interagissent quotidiennement avec les musulmans, que ce soit à la maison ou dans le monde musulman. Il est également écrit pour les non-musulmans qui souhaitent en savoir plus sur la grande religion la plus conflictuelle au monde. J'ai supposé que le lecteur était soit chrétien, soit juif. Les athées et les adeptes d'autres religions pourraient tenter de se placer dans une position religieuse.

Il est difficile de combler le fossé entre la philosophie et la pratique islamiques. Tout d'abord, il doit y avoir plus de consensus sur la théorie. Si jamais deux érudits religieux d'Arabie saoudite et d'Iran se parlaient, ils auraient de nombreux points en commun. Mais comparées aux disparités dans la pratique, les différences dans la pensée islamique sont négligeables. En plus des Turcs, des Arabes, des Iraniens et des Thaïlandais, il existe d'innombrables autres ethnies, y compris les Américains, qui sont musulmans. Certains musulmans sont des chercheurs universitaires, tandis que d'autres sont des paysans sans instruction. Certaines personnes sont très religieuses, tandis que d'autres ne pensent que parfois à leur foi. Et pourtant, sans aucun doute, ils sont tous musulmans. Ils partagent tous un style similaire de réflexion sur le monde et sur la façon de vivre. Nous revenons maintenant à la théorie de l'islam et à l'idée de ce que l'islam est censé être, grâce à notre expérience commune.

Laissez-moi vous raconter une histoire rapide avant de commencer. Il était une fois un bûcheron extrêmement puissant qui postula chez un marchand de bois et fut embauché. La rémunération et l'environnement de travail étaient excellents. Le bûcheron était déterminé à faire de son mieux en raison de ces facteurs.

Son superviseur lui a donné une hache et lui a montré l'emplacement de son travail. Le bûcheron a ramené 18 arbres le premier jour.

Le patron a félicité l'employé. « Continuez comme ça ! »

Le bûcheron était extrêmement motivé par les commentaires de l'employeur et a fait plus d'efforts le lendemain, mais il n'a pu ramener que 15 arbres. Il a essayé plus fort le troisième jour mais n'a pu transporter que dix arbres.

Il livrait de moins en moins d'arbres chaque jour.

Le bûcheron a raisonné : « Je dois perdre mes forces. » Il s'est excusé auprès du patron et a dit qu'il ne savait pas ce qui se passait. »

Le directeur a demandé : « Quand avez-vous aiguisé votre hache pour la dernière fois ? »

"Aiguiser ? J'avais besoin de plus de temps pour aiguiser ma hache. J'ai travaillé dur pour couper des arbres."

C'est ainsi que sont nos vies. Nous pouvons devenir si occupés que nous devons aiguiser la hache. La façon dont notre Imaan est entretenu dépend en grande partie de la façon dont nous l'aiguisons avec des aliments nourrissants pour l'âme. Nos âmes se détérioreront si nous continuons à mener une vie trépidante qui ne les pourvoit pas, et nous ne serons pas inspirés pour faire de bonnes choses. Par conséquent, réservez un moment chaque jour pour « aiguiser » votre âme à travers des conférences, la lecture du Coran, le rappel d'Allah, etc.

Partie 1 -
QU'EST-CE QUE L'ISLAM ?

"Que l'on soit chrétien, musulman, nationaliste, agnostique, athée, il nous faut d'abord apprendre à oublier nos différences."

Malcolm X

Chapitre 1 -
Islam Et Monothéisme

L'islam est l'une des principales religions du monde, suivie par un peu plus d'une religion de l'humanité. C'est soit la principale, soit la seule religion dans les pays du monde arabe, en Iran (qui ne fait pas partie du monde arabe), dans une grande partie de l'Asie, en particulier en Asie du Sud-Est, et dans toute l'Afrique. Il existe des minorités musulmanes en Amérique, en Europe et dans presque tous les autres pays.

Comme on peut s'y attendre d'une religion aussi répandue, l'Islam se présente sous de nombreuses formes. Il existe des différences significatives entre le christianisme d'un cadre texan, d'un agriculteur de subsistance en Bolivie et d'un moine italien. Il existe également de grandes différences entre les différents types de musulmans.

L'islam est l'une des trois religions monothéistes du monde, dans laquelle les croyants reconnaissent et vénèrent un seul Créateur, les deux autres étant le judaïsme et le christianisme. L'islam peut parfois sembler très différent du christianisme, mais les différences entre l'islam et le christianisme sont insignifiantes lorsque l'une ou l'autre religion est comparée à une religion telle que l'hindouisme. Les érudits sont encore en train de déterminer si la religion (au sens où les Occidentaux comprennent le mot) est le bon terme à appliquer à l'hindouisme ou s'il y a même une chose qui peut être correctement appelée hindouisme. Ces problèmes de définition ne se posent pas avec l'Islam.

Les musulmans, les chrétiens et les juifs sont tous pleinement d'accord sur la plupart des principes de base, bien qu'ils montrent généralement peu de signes de cet accord. Ils conviennent qu'un seul Créateur a créé le monde et tout ce qu'il contient, y compris les êtres humains, à commencer par Adam. Ils conviennent que les humains ont des âmes immortelles, ne vivent qu'une seule fois et devraient vivre comme leur Créateur le souhaite, comme indiqué dans les Écritures sacrées. Après la mort, il est convenu que les êtres humains seront jugés par leur Créateur, mais jugés avec miséricorde, et seront finalement récompensés ou punis pour leurs intentions, actes et omissions (bien que certains Juifs puissent différer ici). Pour de nombreux lecteurs de ce livre, ce schéma semblera tout à fait évident. Cependant, un bouddhiste ou un hindou serait en désaccord avec presque tout cela.

Bien qu'ils soient d'accord sur ces bases, les musulmans, les chrétiens et les juifs ne sont pas d'accord sur les détails. Certains de ces détails sont de peu d'importance : les juifs et les chrétiens soutiennent que c'est Isaac qu'Abraham n'a finalement pas dû sacrifier, par exemple, tandis que les musulmans soutiennent que c'était un autre fils, Ismaël. Cette différence particulière n'a pas de conséquences importantes, mais d'autres désaccords peuvent avoir plus d'importance. Les prêtres, par exemple, sont essentiels pour la plupart des chrétiens, autrefois nécessaires mais plus significatifs pour les juifs, et hors de question pour les musulmans.

Un désaccord important entre ces trois religions concerne le statut de Jésus. Pour les chrétiens, Jésus était le fils de Dieu ; pour les Juifs, Jésus était un être humain qui enseignait une religion de son invention ; pour les musulmans, Jésus était un être humain qui enseignait une religion qui lui avait été révélée par Dieu. Jésus n'a rien changé pour les juifs, mais tout pour les chrétiens. Pour les musulmans, Jésus a changé certaines choses, mais la croyance qui avait été établie en son nom a alors été, en fait, remplacée par celle révélée par Dieu à travers un autre être humain, Muhammad. Pour les Juifs, Mahomet a enseigné une religion de son invention, tout comme Jésus l'avait fait ; pour les chrétiens, Muhammad a dirigé une religion de sa vision ; pour les musulmans, Mahomet a tout changé. Je reviendrai sur Mahomet plus tard dans ce chapitre après avoir examiné davantage de similitudes et de différences entre l'Islam et les autres religions monothéistes.

Les musulmans, les chrétiens et les juifs partagent les mêmes concepts de base de la vertu et du vice.

L'excellente personne croit, adore et vit convenablement ; la mauvaise personne ne croit pas ou n'adore pas et vit de manière inappropriée. La vie est une épreuve car elle est difficile, et nous sommes tous tentés par le mal par Satan (appelé Shaytan en arabe). Cependant, lorsqu'il s'agit de nier vivre correctement, il existe une différence importante entre les religions monothéistes puisqu'il existe un désaccord sur la relation entre la lettre de la loi et l'esprit de la loi. Pour la plupart des chrétiens, l'esprit compte, bien que la lettre existe à certaines fins et ne doit pas être ignorée. Peu de chrétiens accepteraient un baptême effectué par e-mail. Pour les musulmans et les juifs, l'esprit de la loi existe et compte, mais la lettre de la loi compte beaucoup plus de jours que pour les chrétiens. Les musulmans, comme les juifs, ont des règles précises en la matière, alors que les chrétiens n'ont pas de règles sur l'alimentation, sur la purification rituelle avant la prière, ni même sur la façon de dormir. Ces règles ne sont pas des fins en soi. Pris ensemble, ils sous-tendent une vie correcte. Cependant, ils ne sont pas seulement un moyen d'arriver à une fin. Ils sont suivis non seulement parce qu'ils servent un but, mais surtout, parce qu'ils sont les commandements de Dieu, et qu'aucune personne pieuse ne désobéit à Dieu. C'est l'un des aspects de l'islam que beaucoup de gens trouvent le plus difficile à comprendre.

Les désaccords sur des détails tels que le statut de Jésus et de Mahomet, et si la lettre de la loi est essentielle ou non important. Ce qui compte le plus, les points de désaccord ou les enjeux de l'accord dépendent de la perspective. Autrefois, les chrétiens soulignaient les différences entre le christianisme et le judaïsme, mais maintenant les accords ont tendance à être mis en évidence. L'expression judéo -chrétienne est très en vogue. Les différences entre l'islam et le christianisme sont généralement soulignées ces jours-ci. Même ainsi, certains Occidentaux préfèrent l'abrahamique au judéo -chrétien, utilisant une expression qui inclut l'islam en se référant au prophète que les trois religions monothéistes considèrent à peu près de la même manière.

Chapitre 2 -
La Première Histoire De L'islam

Les événements de l'islam primitif sont importants pour les musulmans de la même manière que les événements de la vie de Jésus et de l'histoire d'Israël le sont pour les chrétiens et les juifs, respectivement. Par conséquent, ces événements sont cruciaux pour nous alors que nous cherchons à comprendre l'islam.

La Mecque, un modeste hameau désertique sur la côte ouest de la péninsule arabique qui était pratiquement ignorée du reste du monde, est le lieu de naissance du prophète Mahomet en 571 après JC. Parce qu'elle contenait l'une des rares sources d'eau de la région, La Mecque était une ville importante localement et un arrêt fréquent pour les commerçants et les voyageurs se dirigeant vers le nord vers les empires byzantin et perse. Ses habitants parlaient arabe et pratiquaient le polythéisme. Beaucoup de leurs idoles étaient conservées dans le Kaba, ou le cube, qui servait de temple principal à la ville.

Les Mecquois bénéficiaient économiquement du commerce qui passait par leur ville et des pèlerins qui venaient à la Kaba. La plupart de ces commerçants et pèlerins étaient des nomades qui gagnaient mal leur vie dans le désert. En raison de leur pauvreté, ils devaient être résilients pour survivre dans un environnement aussi défavorable. Ils étaient regroupés en tribus, des réseaux de familles connectées qui comptaient les unes sur les autres pour se soutenir et se défendre, comme la plupart des nomades. Les conflits tribaux étaient courants et les prouesses militaires étaient très appréciées.

Les nomades arabes adoraient la poésie, qu'ils mémorisaient et répétaient le soir, ou pour rompre la monotonie des longues balades à dos de chameau. Pourtant, ils avaient peu de temps pour l'écriture ou l'érudition (seule forme efficace de transport longue distance dans le désert depuis l'Antiquité jusqu'à la Seconde Guerre mondiale). Certains poèmes étaient encore populaires à l'époque de la naissance du Prophète. Ils louent les attributs de nombreux chameaux adorés, leur bravoure et leurs prouesses physiques, leur beuverie et leurs exploits amoureux.

Il y avait tellement de chanteurs avant moi. Existe-t-il des chansons qui n'ont pas encore été chantées ?
Te souviens-tu, ma pauvre âme triste, où elle résidait ?

Les tentes de la charmante vallée de Jiwa parlent d'elle !
Ma douce maison à Abla, bénédictions et bonheur à toi !
Je m'arrêtais dans les champs, plein de scepticisme, cherchant les traces de son chameau.
Sur ma monture rapide, j'étais haut et aussi haut qu'une citadelle.

Le prophète Mahomet n'était pas un nomade comme ceux qui vivaient à La Mecque. Cependant, les Mecquois qui vivaient dans les villes avaient des liens étroits avec les nomades avec lesquels ils partageaient leurs communautés, et Muhammad a passé certaines de ses années de formation parmi eux. Les Mecquois ont adopté la morale stricte et la structure tribale de leurs cousins nomades.

À l'exception du fait qu'il ne participait pas aux passe-temps généralement populaires de boire, de jouer et de poursuivre des femmes, le début de la vie de Muhammad était banal. Il était un reclus et sortait occasionnellement de La Mecque pour méditer dans une grotte. Il a entendu les mots « Récitez » qui lui ont été prononcés dans cette grotte. Invoquez le nom de votre Seigneur en récitant. Les musulmans croient que l'ange Gabriel a fait ces déclarations au prophète Mahomet au nom de Dieu plutôt que le prophète Mahomet les a entendues directement de Dieu. Il est prophète parce qu'il transmet la parole de Dieu aux gens plutôt que de prédire l'avenir.

Le prophète Mahomet a récité ce qu'il avait entendu de l'ange à l'époque et au cours des 20 années suivantes, malgré son incertitude et sa peur initiales après cette expérience. Le texte du Coran a ensuite été créé à partir de ce qu'il a entendu, ou plus précisément, de ce qui lui a été révélé. Le Prophète a attiré un petit groupe de disciples qui, comme lui, se sont détournés de l'idolâtrie et de l'immoralité pour adorer le seul vrai Dieu après avoir expliqué la signification des paroles qu'il avait été chargé de prononcer. Bien qu'il ait été clairement expliqué à Muhammad dans les révélations qu'il a reçues que Jésus n'était ni divin, ni le fils de Dieu, les musulmans ont identifié ce Dieu comme le Dieu unique adoré par les juifs et les chrétiens. Il a été souligné que seul Dieu seul était vraiment divin.

À l'époque, les juifs et les chrétiens étaient bien connus en Arabie, bien que les juifs soient plus nombreux que les chrétiens. Au début, les musulmans se tournaient vers Jérusalem lorsqu'ils priaient, exactement comme les juifs. Plus tard, cependant, cette coutume a été inversée et les musulmans sont désormais confrontés à la Kaba. Par conséquent, malgré les affirmations de certains chrétiens et juifs selon lesquelles le Dieu des musulmans est distinct du leur, cette position ne peut être soutenue historiquement. Prétendre que les Arabes adorent Allah équivaut à dire que les Mexicains ou les Allemands adorent Dios ou Gott, comme l'a dit sans ambages un musulman.

Beaucoup plus de Mecquois ont rejeté les sermons de Mahomet qu'ils n'en ont accueilli. La majorité le voyait comme un fauteur de troubles dénigrant leurs dieux tout en promouvant une nouvelle religion dangereuse. Bien qu'il n'ait jamais été un adepte de la nouvelle religion, l'oncle de Mahomet était un individu important qui le protégeait de l'animosité populaire.

Cependant, après le décès de l'oncle, Muhammad et son petit nombre d'adhérents ont connu diverses formes de persécution. Ils ont finalement déménagé à Yathrib, une ville voisine de La Mecque. Yathrib abritait des tribus différentes de celles de La Mecque, et avait également une communauté plus diversifiée sur le plan religieux en partie en raison de l'absence de Kaba et en partie du fait que de nombreux Juifs y avaient cherché refuge.

La réponse aux sermons de Muhammad à Yathrib a été meilleure qu'elle ne l'avait été à La Mecque, et sa suite a augmenté. De nombreux Juifs de Yathrib l'ont d'abord soutenu, et les Juifs et les Musulmans ont pu parvenir à des accords utiles. En concluant de tels accords et en se mariant avec plusieurs femmes tribales éminentes, Muhammad a amélioré sa position.

Le sens du Coran a évolué avec l'expansion de la population musulmane. Les révélations que Muhammad a reçues à La Mecque étaient principalement des généralisations. Il a été précisé qu'il n'y a qu'un seul Dieu et que l'adoration des idoles est inappropriée. Les disciples de Muhammad ont reçu pour instruction de prier Dieu, de s'abstenir d'adultère et de se rappeler qu'ils passeraient l'éternité au paradis ou en enfer. Les révélations et les interprétations de Muhammad à leur sujet se sont développées à Yathrib. Des règlements ont été établis sur le traitement précis des adultères, le meilleur moment pour prier en voyage et les procédures de tutelle pour les héritages orphelins.

La distinction entre les révélations antérieures et ultérieures est immédiatement apparente dans de nombreux cas. Une révélation mecquoise typique commence comme suit :

- Quand le ciel se sépare
- Quand les étoiles se dispersent
- Pendant que les océans font rage
- Lors de la destruction des tombes

Une âme sera alors consciente de ses actions passées et présentes.

Les révélations ultérieures de la période Yathrib sont généralement beaucoup plus prosaïques (et écrites dans un langage plus proche de la prose standard) :

Dieu vous tiendra responsable de vos serments de bonne foi, et non des dérapages dans vos vœux. L'expiation pour cela est de fournir à dix personnes dans le besoin la quantité équivalente de nourriture que vous fournissez à votre famille, ou de leur fournir des vêtements, ou de libérer une personne asservie.

La force du Coran pour les musulmans qui le lisent en arabe ne peut être adéquatement transmise dans aucune traduction. Le langage des copies traditionnelles de l'Ancien Testament a une résonance énorme pour de nombreux chrétiens, mais encore plus pour ces musulmans. Même les idées les plus courantes sont vraiment uniques et motivantes pour eux. Pour un musulman qui connaît l'arabe et le lit dans sa forme originale, ce qui semble être un peu une réglementation bureaucratique en anglais est merveilleux.

Des conflits éclatèrent entre les musulmans et les Mecquois, comme cela arrivait fréquemment à l'époque entre d'autres groupes ethniques en Arabie. Après six ans et de nombreuses escarmouches et guerres, les musulmans ont gagné. Lorsque la Mecque est tombée aux mains des musulmans en 630, ils ont purifié la Kaaba de ses idoles et l'ont rendue à sa pureté originelle. Abraham a érigé à l'origine la Kaaba comme un temple pour Dieu, et non comme une résidence pour les idoles.

Après que les musulmans ont conquis La Mecque, le nombre d'adeptes de Mahomet a considérablement augmenté, et un an plus tard, La Mecque et la région environnante de l'ouest de l'Arabie étaient musulmanes. La plupart des Juifs de Yathrib ont été expulsés après avoir rompu leur pacte antérieur avec le Prophète, et d'autres ont été assassinés. Yathrib s'appelait al-madina al-ignorant, la ville brillante. Ce nom a finalement été raccourci en Médine, c'est ainsi qu'il est encore connu aujourd'hui.

Mais un peu plus d'un an plus tard, en 632, le prophète meurt à l'âge d'environ 61 ans. La révélation de l'Islam a pris fin avec le décès du Prophète. Après son décès, la communauté musulmane s'est presque désintégrée mais a finalement rebondi et grandi. Cette histoire sera discutée plus tard.

L'Islam, tel qu'il est pratiqué aujourd'hui, est largement basé sur les événements entre la révélation du Prophète dans une grotte à l'extérieur de La Mecque en 610 et son décès en 632. Pour tous les musulmans, depuis, Yathrib (Médine), la communauté que le Prophète a fondée, a servi de modèle. Il a dû offrir à ses résidents des expériences spirituelles extraordinaires. De plus, il était fréquemment attaqué et exigeait un dévouement total à la paix et à la guerre. L'histoire ancienne de l'islam regorge de références à la bataille, tout comme l'Ancien Testament.

Chapitre 3 -
L'idéal Islamique

Depuis lors, tous les musulmans ont adopté la vie et les enseignements du Prophète comme faisant partie de leur idéal. Ceci est similaire à la communauté de Médine. Alors que le Prophète est parfois mentionné dans le Coran, les hadiths contiennent principalement les actions et les paroles du Prophète. Les hadiths, écrits entièrement humains, sont compilés dans des livres bien distincts du Coran (même si un petit nombre sont classés comme divinement inspirés). Semblable à la façon dont le Nouveau Testament a quatre récits différents de la vie de Jésus, le hadith a plusieurs versions.

Le prophète Mahomet et la communauté qu'il a fondée devraient être imités autant que possible par des musulmans sincères. Le mot Sunna, qui fait référence à une excellente tradition, véhicule cette idée. Bida, l'innovation, par opposition à ce que le Prophète n'a pas fait, est l'inverse de la Sunna. Il existe deux types différents de Bida. Alors que le Prophète ne conduisait pas de voiture, il n'y a pas de problème avec certains Bida, comme celui-ci. Cependant, certains Bida ont tort, comme dédier un arbre à une mère et offrir des sacrifices le jour de son anniversaire. Aucun musulman ne devrait agir de cette manière, et le Prophète non plus.

Bida est considérée de diverses manières. De nombreux musulmans sont assez décontractés et ne critiquent Bida que lorsqu'il est aussi dur que celui présenté. D'autres sont stricts sur Bida, s'insurgeant contre des choses que la plupart des autres musulmans considéreraient comme tout à fait acceptables (comme la construction d'une tombe sur une tombe) ou même des choses qu'aucun autre musulman ne considérerait comme problématiques. Ces personnes se trouvent actuellement principalement en Arabie saoudite ou sont influencées d'une manière ou d'une autre par le mouvement saoudien wahhabite. L'exemple le plus extrême de ce type s'est produit à la fin des années 1920 lorsque le gouvernement saoudien a tenté d'établir un système télégraphique. Cependant, les wahhabites les plus fervents ont coupé les câbles télégraphiques parce qu'ils étaient Bida. Bien que le Prophète n'ait jamais envoyé de télégramme, tous les autres musulmans pensaient qu'il était absurde que personne d'autre ne le fasse non plus.

Par conséquent, le hadith est tout aussi important pour les musulmans que le Coran. Les hadiths sont beaucoup plus importants en tant que source de l'islam tel qu'il est pratiqué aujourd'hui. Par exemple, le Coran met l'accent sur la valeur de la prière mais ne mentionne pas le moment précis ou le mode de culte. Le hadith est la source vers laquelle les musulmans se tournent pour ces détails cruciaux. Les premiers musulmans posaient fréquemment des questions précises au Prophète, et le hadith enregistrait souvent ses réponses. Bien que le plus souvent, des exhortations générales soient données, le Coran donne parfois des instructions précises. Généralement, le hadith contient des lois spécifiques, tandis que le Coran a de grands idéaux.

Il n'y a pas une seule forme fixe dans le hadith. Il existe de nombreuses collections de rapports de hadiths distincts, qui sont généralement classés par sujet. Un seul rapport de hadith pourrait être assez condensé comme ceci : Le Prophète a répondu par l'affirmative à un homme qui s'est enquis de garder des chiens pour la chasse. D'autres sont plus complexes et plus longs. Aujourd'hui encore, de nouvelles compilations de ces rapports sont toujours constituées à l'aide des versions antérieures. Certains peuvent être découverts en ligne.

La forme et le statut du Coran lui-même sont entièrement différents. Le Coran n'est que l'œuvre de Dieu ; ni le Prophète ni aucune autre personne ne l'a écrit ; il a été dit à Dieu (en arabe). En conséquence, il est unique par rapport à tout le reste dans le monde, un défaut de création qui permet de voir Dieu pratiquement. Bien qu'il y ait des mentions sporadiques du Prophète dans tout le Coran, ni sa vie ni ses enseignements ne sont détaillés.

Le Coran est une écriture qui n'est pas très longue. Ses chapitres sont organisés différemment d'un livre typique puisque le plus long est au début, et le plus court est à la fin. Les chapitres les plus courts, qui peuvent être aussi courts qu'une page, se concentrent principalement sur un seul sujet et ressemblent souvent à des prières. Les chapitres les plus longs combinent des sections qui imitent les chapitres plus courts avec une exhortation et un avertissement céleste, avec des histoires comme l'histoire de Dieu, et parfois avec des instructions spécifiques comme celle concernant l'expiation des serments dans la section ci-dessus.

Le Coran est difficile pour un Occidental habitué aux textes bien organisés, mais aucun musulman ne le lit comme un livre typique. Le Coran est plus important dans la vie quotidienne pour ce qu'il est que pour ce qu'il dit. Des copies du Coran sont conservées par les gens dans leurs maisons ou leurs voitures, peut-être même jamais ouvertes. Le Coran fonctionne pour certains chrétiens un peu comme un crucifix lorsqu'il est interprété de cette façon.

D'autres lisent à haute voix des portions ou écoutent des récitations enregistrées par des professionnels tout en ne comprenant souvent pas un mot parce que la plupart des musulmans ne sont pas arabes et ne parlent pas l'arabe. Bien que la langue du Coran diffère suffisamment de l'arabe contemporain pour que certains passages soient assez difficiles à saisir, même les musulmans arabes comprennent naturellement la plupart de ce qu'ils récitent ou entendent. L'importance du Coran (parlé) réside dans sa présence physique et son attrait esthétique pour tous les musulmans, même ceux qui savent lire l'arabe.

Cela ne signifie pas que le Coran n'est jamais lu pour sa substance. Les universitaires et certaines personnes l'étudient. Pour une étude efficace, les chercheurs doivent comprendre l'arabe classique ; cependant, des traductions sont disponibles pour ceux qui ont besoin de plus de temps ou d'aptitudes pour acquérir cette langue difficile. Cependant, ces traductions ne sont pas le véritable Coran. Une traduction ne peut transmettre qu'une partie du sens du texte du Coran.

Cependant, en raison de la nature de l'arabe coranique, un traducteur du Coran doit constamment prendre des décisions parmi les différentes interprétations présentes dans le texte original. L'aspect divin dans le texte original du Coran la petite fissure dans la création à travers laquelle Dieu est presque visible n'est pas présent dans la traduction, ce qui est d'autant plus significatif que Dieu n'a pas révélé le Coran dans la traduction. Dans la plupart des éditions publiées par des éditeurs occidentaux, le texte original n'est pas présenté avec la traduction ; en conséquence, le livre n'a aucune signification distinctive. Il ne serait pas aussi judicieux de mettre une copie d'une telle traduction dans une voiture que de mettre n'importe quel autre livre de poche.

Par conséquent, le Coran est tout à fait unique. Chaque réplique de l'original ressemble plus aux véritables tablettes sur lesquelles les Dix Commandements ont été révélés qu'à une copie de la Bible. Tout musulman admet publiquement avoir des doutes sur la paternité divine du Coran nie en fait sa foi, car aucun musulman ne traitera jamais une copie du Coran avec moins que du respect. Il est courant de commencer les citations du Coran par « Dieu a dit » ; cependant, une phrase plus précise est « Il est écrit dans le Coran que. » Quiconque prétend que Muhammad a écrit quelque chose dans le Coran commet un acte odieux de blasphème.

Chapitre 4 -
La Propagation De L'islam

Après le décès du Prophète, deux choses devaient se produire pour que l'islam se répande dans le monde entier. Premièrement, les disciples du Prophète ont dû construire une religion formelle à partir des matières premières du Coran et des hadiths à travers un processus d'interprétation. L'islam a dû se répandre simultanément à partir du territoire restreint de la côte ouest de la péninsule arabique, où toute son histoire ancienne s'était déroulée.

Les religions se propagent de deux manières principales : soit un individu entre en contact avec la religion, en prend connaissance et décide de la suivre, soit un État promeut activement une nouvelle religion, faisant pression sur les gens pour qu'ils la suivent. Après que l'empereur romain Constantin se soit converti au christianisme en 312 et ait accordé à l'État romain le soutien de la nouvelle foi, le christianisme a commencé à se développer plus rapidement et plus largement en dehors de la Palestine. L'inverse est vrai en ce qui concerne la propagation de l'islam : d'abord en tant que religion parrainée par l'État, puis par contact personnel.

Les armées d'Arabes musulmans ont capturé la majeure partie du monde entre 633 et 644, quelques années seulement après la mort du Prophète. L'Arabie dépassait les frontières de deux puissants empires rivaux en 633 : le plus récent Empire romain et le très ancien Empire perse, qui avait son siège dans l'actuel Iran. Un Empire d'Occident basé sur Rome et un

Empire d'Orient basé sur Constantinople étaient les deux divisions de l'Empire romain d'origine, qui existait depuis deux siècles. L'Empire d'Occident catholique de langue latine a servi de berceau à l'Occident moderne. Suite à des vagues d'invasions barbares, elle était en état d'effondrement à l'époque du Prophète. Orthodoxe, de langue grecque, et source des cultures chrétiennes légèrement diverses de la Russie, de la Grèce contemporaine et des Balkans était l'Empire d'Orient, également connu sous le nom d'empire byzantin. Les empires byzantin et perse avaient tous deux des civilisations très développées et des armées puissantes. En 644, les deux s'étaient effondrés face aux troupes arabo-musulmanes comme des châteaux de cartes. L'Empire perse a été détruit, tandis que l'Empire byzantin a perdu plus des deux tiers de son royaume mais a combattu pendant encore huit siècles avant d'être finalement détruit par les forces ottomanes en 1453.

Les habitants des régions historiquement persanes et byzantines, que les musulmans arabes ont conquises, ont progressivement adopté la langue et la foi de leurs conquérants par des mariages mixtes sur plusieurs siècles, donnant naissance au monde arabe moderne et à l'Iran. Il existe encore des groupes dans le monde arabe qui pratiquent leurs anciennes religions, généralement le christianisme, mais parfois le judaïsme et préservent leurs langues ancestrales ; ainsi, le processus est incomplet. Les habitants de l'ancien Empire perse ont fait des compromis sur la langue mais pas sur la religion. En conséquence, ils en vinrent à parler, ce qui est maintenant connu sous le nom de persan, une langue si pleine de mots et de phrases arabes qu'elle serait aussi incompréhensible pour un persan d'avant la conquête arabo-musulmane que l'allemand l'est pour un anglophone.

Ces conquêtes ont considérablement modifié la façon dont les musulmans et les étrangers percevaient l'islam. Pour les musulmans, les victoires étaient une démonstration flagrante de la faveur de Dieu : il était de leur côté. Les conquêtes ont fait apparaître l'islam aux étrangers comme une religion de conflit armé et de propagation de l'épée. Les musulmans n'ont pas été gênés par ce point de vue jusqu'à récemment, lorsqu'il est devenu vital de défendre l'islam contre les perceptions occidentales contemporaines qui en font une religion violente. En réaction à ces idées, diverses explications ont fait surface à la fin du XIXe siècle.

Compte tenu de l'ampleur des conquêtes, une théorie populaire qui les considère comme défensives n'est pas crédible. Un autre point de vue souligne que l'expansion de l'épée n'était pas due à la foi de l'islam mais plutôt à la force politique des musulmans arabes. Les conquérants traitaient décemment les non-musulmans et leur permettaient de suivre leurs pratiques religieuses. En réalité, ils jouissaient souvent d'une plus grande liberté religieuse et étaient globalement mieux traités que sous leurs anciens dirigeants. Cette seconde théorie est beaucoup plus logique que la première en termes d'histoire. Les preuves suggèrent que les premiers conquistadors arabo-musulmans ont activement découragé les gens de se convertir à l'islam. Ils auraient préféré extorquer un tribut aux sujets non musulmans pour traiter équitablement les peuples conquis. Si un tel état d'esprit a déjà existé, il a disparu en un siècle ou deux. L'islam d'aujourd'hui accepte les convertis, contrairement au judaïsme traditionnel, mais comme le christianisme.

Outre la faveur surnaturelle, certaines personnes ont cherché une explication à ces victoires. La théorie alternative la plus courante émise par les historiens occidentaux est que les empires perse et byzantin se sont battus les uns contre les autres et ont perdu la loyauté de leurs sujets en raison d'une mauvaise gouvernance et de la persécution religieuse. Il est également important de noter que c'est loin d'être le premier cas dans l'histoire où des armées de nomades ont maîtrisé des sociétés qui semblaient plus avancées. C'est ce que les barbares ont fait à l'Empire romain d'Occident, et c'est ce que les Mongols feraient aux vestiges de l'Empire musulman en 1258.

De telles conquêtes désintègrent généralement les nomades conquérants, quelques générations après leur succès. Par conséquent, d'un point de vue historique, le sujet le plus intrigant n'est pas de savoir comment les musulmans arabes ont pu soumettre la majorité du monde, mais comment ils ont maintenu leur unité par la suite. Ils avaient probablement un idéal commun l'islam qui allait au-delà de la simple conquête à cause de cela. Peut-être était-ce en partie dû au génie exceptionnel des dirigeants arabo-musulmans du IXe siècle.

Les régions conquises ont été gouvernées comme un vaste empire musulman organisé pendant trois siècles. Riche, puissant et sophistiqué, cet empire était un digne successeur des empires romain et perse, avec la Chine comme seul adversaire potentiel (loin loin, séparé par de hautes montagnes et des déserts cruels). L'empire musulman n'a pratiquement aucun sens d'un point de vue purement religieux, mais il a laissé aux musulmans des souvenirs du pouvoir antérieur. Certaines personnes considèrent maintenant l'empire musulman comme le chef de file de la religion islamique. Mais très peu de musulmans connaissent bien son histoire. Peut-être heureusement, l'empire était plus une période dorée de la civilisation musulmane que de l'Islam lui-même (c'était Médine sous le Prophète). Bien que ni les monarques ni la majorité des élites n'étaient des musulmans très dévoués, la culture de l'empire était musulmane parce que ses élites et sa classe dirigeante étaient musulmanes. En plus de générer des œuvres exceptionnelles d'érudition religieuse islamique, l'empire était un chef de file dans un nouveau domaine technologique connu sous le nom de fontaines à vin.

Les deux extrêmes étaient les fontaines à vin et l'érudition islamique. Les arts et les sciences ont prospéré à travers l'empire dans divers domaines sans rapport avec la religion ou les loisirs, notamment l'architecture, la satire, l'administration, l'ingénierie hydraulique, la philosophie, la médecine, la poésie, l'astronomie et les mathématiques. Le mot anglais algèbre, et le mot alcool, qui a probablement été utilisé pour la première fois en anglais dans un contexte scientifique ou médical, sont des mots aux racines arabes. Jusqu'à la Renaissance, l'Europe s'est tournée vers le monde musulman pour obtenir des connaissances dans tous ces domaines.

En réalité, l'Occident moderne doit à la culture de ce vaste empire musulman sa découverte initiale d'un large éventail d'outils, dont l'algèbre et les chiffres arabes. Par l'intermédiaire des musulmans, l'Occident a acquis l'astrolabe (l'ancêtre du sextant), le papier, les tapis, la variolation (l'ancêtre de la vaccination), et même Aristote. Malheureusement, la peste s'est également propagée. Bien sûr, aucun de ceux-ci n'est spécifiquement lié à l'islam.

L'ère des Arabes musulmans en tant que superpuissance a pris fin lorsque l'empire musulman s'est finalement effondré, comme même les plus grands empires l'ont finalement fait. L'empire s'est désintégré en un ensemble d'États inférieurs, dont beaucoup ont ensuite été conquis par des étrangers, en particulier les Mongols sauvages de l'époque. Tout comme les barbares antérieurs avaient détruit la culture de l'Empire romain, les Mongols ont détruit la civilisation de l'empire musulman.

Pendant de nombreuses années, l'histoire musulmane ressemble à l'histoire européenne du Moyen Âge dans sa multitude de nations et de rois mesquins et belligérants. Aucun de ceux-ci n'a généré l'argent ou la stabilité gouvernementale qui avaient autrefois soutenu les progrès artistiques et intellectuels de l'empire précédent, et une grande partie de ce qui avait été connu autrefois a été perdue. Plus tard, les astronomes croyaient que le soleil tournait autour de la terre, même si les astronomes impériaux savaient que la terre tournait autour du soleil. L'Empire ottoman, un autre grand empire né de la tourmente pour régner sur une grande partie du même territoire que l'empire musulman, n'a jamais inclus la Perse. Il était plus connu pour ses prouesses militaires que pour ses réalisations artistiques ou intellectuelles. Vers la fin du Moyen Âge européen, les Ottomans ont presque capturé le reste de l'Europe et la Hongrie. Pourtant, lorsque la science et la culture ont prospéré, c'était en Europe, pas dans l'Empire ottoman. La musique militaire, et non l'algèbre, est la contribution symbolique des Ottomans à la civilisation humaine.

L'islam s'est d'abord répandu en dehors de la péninsule arabique en tant que religion d'un État puissant et avancé grâce aux armées conquérantes. Pourtant, il l'a fait plus tard grâce à des interactions entre les prédicateurs musulmans et les adeptes d'autres religions, généralement polythéisme. L'islam a été transmis aux Turcs, aux Africains, aux Malais et aux Indonésiens. Dans chacun de ces cas, une fois qu'elle s'est établie comme religion officielle, comme elle l'a souvent fait, sa fortune était assurée. Avant même que cela ne se produise, le fait que les prédicateurs et les commerçants musulmans qui diffusaient l'islam étaient considérés comme les représentants d'une culture plus puissante et avancée, semblable à la façon dont les missionnaires chrétiens étaient fréquemment considérés en Afrique au XIXe siècle, a probablement aidé.

L'idée que l'islam est une foi propagée par l'usage de la force est donc fausse. Même si les rois musulmans ont fréquemment obtenu des territoires par conquête, tout comme les dirigeants non musulmans, l'islam s'est propagé pacifiquement, comme la plupart des autres religions. Les premières conquêtes des musulmans arabes et les réalisations de l'empire musulman ont pris fin avec les invasions des barbares mongols. Cependant, ils sont toujours importants car ils contrastent avec le statut moderne des États musulmans et rappellent aux musulmans la faveur divine dont ils jouissaient autrefois.

Chapitre 5 -
Où Les Musulmans Vivent Maintenant

Il y a environ 6,3 milliards d'individus sur la planète à ce jour. Parmi eux, 1,4 milliard (soit 22 %) sont musulmans. Une bande de terre s'étendant à mi-chemin autour de la planète, de l'Afrique de l'Ouest à l'Afrique du Nord et au Moyen-Orient, en passant par l'Asie centrale et l'Iran, au sud du sous-continent indien jusqu'à l'Indonésie, abrite 1,3 milliard des 1,4 milliard de musulmans. En dehors de cette ceinture, la Russie et la Chine abritent d'importantes populations musulmanes - environ 20 millions dans chaque pays. Le nombre de musulmans en Occident est d'environ 25 millions, dont environ 5 millions résident en Amérique du Nord et environ 20 millions en Europe occidentale. Les musulmans représentent 1 à 2 % de la population des pays européens les plus riches et un Français sur quinze, soit environ 7,5 %, est musulman. Seul l'un des huit pays comptant aujourd'hui la plus grande population musulmane, l'Égypte, parle l'arabe, même si l'islam est originaire du monde arabe.

L'Indonésie est actuellement le plus grand pays musulman du monde. Les trois grandes régions du sous-continent indien sont les trois plus grandes nations musulmanes suivantes (Pakistan, Inde et Bangladesh). Même si la majorité des Indiens sont hindous plutôt que musulmans, plus d'un quart des musulmans du monde résident dans ces trois pays, plus l'Afghanistan voisin.

Le sous-continent indien vient en premier, suivi des possessions de l'ancien empire musulman (le Moyen-Orient, l'Afrique du Nord ou le monde arabe, plus la Turquie et l'Iran). Malgré cela, avec une population à 95% musulmane, le Moyen-Orient et l'Afrique du Nord restent le centre du monde musulman.

De nombreux pays ont des minorités musulmanes. Trois origines plausibles existent pour ces minorités. Ils sont souvent originaires d'Afrique en raison des mêmes processus de conversion qui ont donné naissance à des majorités musulmanes ailleurs, mais le processus a été arrêté avant qu'il ne puisse devenir une majorité. La conquête étrangère est une origine différente qui se produit généralement en Chine et en Russie. Il y a un ou deux siècles, des lieux à majorité musulmane ont été envahis. Leur territoire et leurs peuples ont été absorbés dans des empires non musulmans plus importants, où une majorité auparavant souveraine est devenue une minorité subordonnée. C'est ce qui s'est passé dans des endroits comme la Tchétchénie. Troisièmement, l'immigration des 50 dernières années concerne principalement les minorités musulmanes en Occident. Au moment de la rédaction, cette procédure est en cours.

L'islam est une religion monothéiste présentant de nombreuses similitudes avec d'autres religions monothéistes, notamment le judaïsme et le christianisme. Ses écritures décrivent en gros les mêmes histoires sur Adam et Eve, Noé et le déluge, et Moïse et le mont Sinaï, et il a les mêmes concepts fondamentaux de conception, de vie, de mort et de jugement. La principale distinction entre l'islam et le christianisme est que l'islam se considère comme une incarnation complète du dessein et de l'intention de Dieu pour l'humanité que le judaïsme ou le christianisme. L'Islam est correct, et les deux autres sont incorrects dans les domaines où ils divergent de l'Islam.

L'islam a été fondé en Arabie au VIIe siècle et est basé sur les enseignements et l'exemple du prophète Mahomet tels qu'ils sont consignés dans les hadiths et le Coran, que Dieu a révélés à Mahomet par l'intermédiaire d'un ange. L'Islam, tel qu'il est pratiqué aujourd'hui, porte l'empreinte des conditions historiques de l'Islam, de la dévotion accordée au temple préislamique de Kaba à La Mecque aux nombreuses références à la guerre et au courage dans le Coran. Les références au combat indiquent les combats constants qui ont caractérisé l'Arabie au VIIe siècle, combats auxquels ont participé les premiers musulmans.

Le Coran, les hadiths et une petite communauté musulmane sont tout ce que le prophète Mahomet a laissé derrière lui à sa mort. Le Coran n'a jamais été étudié isolément ; au contraire, cela a toujours été une composante de l'évolution et de l'expansion de la foi de la communauté musulmane ultérieure. Après la disparition du Prophète, les musulmans ont été encouragés à imiter cette communauté initiale et le Prophète lui-même à travers la sunna (tradition modèle) et la Bida (innovation). Les musulmans veulent imiter cette première société aussi étroitement que possible. Pourtant, la majorité fait la distinction entre les innovations (Bida) qui sont permises (comme les automobiles) et celles qui ne le sont pas (le culte des ancêtres). Seule une petite minorité de musulmans considère que les parties courantes de la vie moderne sont inacceptables.

Dans l'Islam, et pour tous les musulmans, le Prophète est d'une importance capitale. Bien que Dieu ait une plus grande signification et que l'Islam soit finalement une religion de Dieu (plutôt que du Prophète), les références au Prophète sont faites à Dieu plus fréquemment dans la vie quotidienne. Le nom du Prophète apparaît dans la plupart des discours, au moins toutes les autres phrases. Sal'Allahou Alayhi Washington Salim, généralement traduit en anglais par « la paix soit sur lui » ou, plus précisément que Dieu le bénisse et lui donne la paix, est toujours ajouté après le nom du Prophète par les musulmans pieux ou même semi-pieux. Il n'est également jamais imprimé dans une langue musulmane. Cette phrase est parfois ajoutée à la hâte, mais le locuteur s'attarde presque affectueusement sur ces syllabes plus fréquemment.

Il est généralement considéré comme intolérable pour quiconque, musulman ou non, d'insulter le Prophète ; que Dieu le bénisse et lui accorde la paix. Tant en 1988-1989, quand il a été largement rapporté que l'auteur britannique Salman Rushdie avait insulté le Prophète, que Dieu le bénisse et lui donne la paix, dans son livre les versets sataniques, et encore en 2005-2006, quand c'était encore plus largement rapporté qu'un petit journal danois avait fait de même, il y eut presque une indignation universelle.

De nombreux Occidentaux ont eu du mal à comprendre le brouhaha des deux occasions. C'est parce qu'il n'y a plus de figure pour la plupart des occidentaux qui ait la même signification pour les musulmans que le Prophète a toujours. Bien que les chrétiens dévoués considèrent Jésus comme ayant une signification similaire, les chrétiens dévots sont maintenant une minorité dans la majeure partie de l'Occident. Ils se sont progressivement habitués à vivre dans une culture où l'idée de sacré et, par conséquent, l'idée de blasphème ont pratiquement disparu. Le blasphème n'est plus un criminel en Occident qui pourrait entraîner des condamnations à mort. Les idées du sacré et du blasphème sont encore importantes dans le monde musulman.

Il se passait plus dans ces affaires que du blasphème et de l'indignation. Il y avait aussi une incompréhension réciproque. La plupart des musulmans ne pouvaient pas comprendre pourquoi les Occidentaux pouvaient croire que les romans ou les dessins animés n'avaient pas vraiment d'importance, tout comme de nombreux Occidentaux étaient incapables de comprendre de quoi il s'agissait. De plus, certaines personnes des deux côtés - et même certains États musulmans pensaient qu'agiter les mêmes peut être bénéfique pour obtenir un avantage politique.

Partie 2 -
LA CONSTRUCTION DE L'ISLAM

"On voit évidemment que toutes les religions ont emprunté tous leurs dogmes et tous leurs rites les unes des autres."

Voltaire

Chapitre 6 -
Dénominations Et Interprétation

Il existe différentes confessions au sein de l'islam, tout comme le christianisme et le judaïsme. Une dénomination, telle que Grecque orthodoxe ou épiscopalienne, est une division importante de la religion. De manière inutile, le terme « Église » est utilisé pour désigner à la fois une dénomination (par exemple, l'Église catholique, à laquelle appartiennent la majorité des Italiens) et la hiérarchie ou l'organe dirigeant à l'intérieur d'une église (par exemple, l'Église catholique interdit la contraception). L'islam n'a pas d'église au sens traditionnel du terme, mais il a des églises au sens de confessions religieuses. Tout au long de ce livre, je discuterai occasionnellement des variations dans les doctrines des nombreuses branches de l'islam.

Les deux principales branches de l'islam sont divisées en sectes sunnites et chiites, la branche sunnite étant la plus grande et ayant des subdivisions. La grande majorité des musulmans sont sunnites. Pendant des siècles, les chiites n'ont jamais été majoritaires dans aucune région du monde musulman. Ils ne sont devenus majoritaires dans certains endroits qu'au XVIe siècle, d'abord en Iran, puis plus tard dans une grande partie de l'Irak. Les chiites constituent également des minorités importantes dans d'autres pays musulmans, notamment au Liban, au Pakistan et en Occident.

Semblable à la façon dont les catholiques et les chrétiens orthodoxes reconnaissent et acceptent les différences les uns des autres, les sunnites et les chiites font de même. Lorsque les deux dénominations ne coexistent pas véritablement, cette reconnaissance et cette acceptation mutuelles sont souvent facilitées. Les sunnites et les chiites se sont récemment livrés à de violents combats, d'abord au Pakistan et au Liban, puis en Irak. Semblable à la façon dont les catholiques et les chrétiens orthodoxes, les catholiques et les protestants d'Irlande du Nord se sont récemment engagés dans un conflit violent, il en va de même pour les catholiques et les chrétiens orthodoxes de l'ex-Yougoslavie. Bien qu'il y ait eu une composante religieuse au conflit dans chacun de ces exemples, le conflit n'était pas religieux.

Peu de temps après le décès du Prophète, il y eut une rupture entre les sunnites et les chiites. Depuis lors, d'autres divisions ont conduit à la formation de nombreuses dénominations et sectes mineures. Comme les Druzes, la majorité d'entre eux sont d'origine chiite. Certains d'entre eux, comme les Ahmadis, sont d'origine sunnite.

Dans ce qui est aujourd'hui l'Arabie saoudite, un nouveau mouvement sunnite connu sous le nom de wahhabisme est apparu pour la première fois vers le début du XIXe siècle. Bien qu'ils portent d'autres titres, tels que « unitaires » ou simplement « musulmans », les wahhabites s'apparentent à une dénomination particulière. Le wahhabisme était autrefois une branche extrême de l'islam sunnite en ce sens qu'ils avaient des croyances opposées à celles des autres musulmans de leur communauté, ce qui a conduit à des tensions et à la violence.

Cette période a vu de nombreuses pertes en vies humaines et en biens, et le wahhabisme a été essentiellement détruit à sa conclusion. Le wahhabisme a néanmoins perduré, quoique sous une forme moins extrême. C'est maintenant une dénomination en ce sens qu'elle est la religion d'État de l'Arabie saoudite et qu'elle gagne en puissance dans le monde sunnite. La rigueur et le puritanisme exceptionnels de l'islam wahhabite le distinguent de l'islam sunnite traditionnel. À divers moments du livre, il sera mentionné qu'il existe des disparités entre les points de vue des musulmans wahhabites et non wahhabites, tout comme il existe des différences entre les points de vue des musulmans sunnites et chiites.

Chapitre 7 -
Les Oulémas

Étant donné que de nombreux lecteurs connaissent probablement déjà le terme arabe « ulémas », qui se traduit par « érudits », il sera utilisé pour minimiser la confusion entre les érudits religieux et d'autres types d'érudits ultérieurs (comme les géologues). Un membre ouléma spécifique est appelé « mollah » dans certaines régions à majorité musulmane mais pas dans d'autres. « Shaykh » est un autre titre possible. Plus tard dans le livre, des discussions sur ces termes et d'autres, comme « mufti » et « ayatollah », auront lieu.

Les oulémas sont comparables aux rabbins du judaïsme et ressemblent quelque peu aux prêtres de l'islam, mais ils diffèrent considérablement des prêtres dans des domaines importants. Les oulémas n'accomplissent aucun devoir sacramentel pour commencer. Ils peuvent faire tous les rituels comme n'importe quel autre musulman. Par exemple, quelqu'un doit diriger la prière lorsqu'un groupe de musulmans se rassemble pour adorer. Aujourd'hui, un chef de prière professionnel (imam en arabe) sera généralement choisi et payé par le gouvernement.
Il sera généralement issu des oulémas, dans une grande mosquée moderne d'une grande ville. Cependant, dans une petite mosquée de quartier ou une ville, le gars le plus âgé et le plus vénéré présent qui peut très bien être un commerçant local dirigera la prière. Dans une maison privée, le propriétaire dirigera souvent la prière. La personne qui dirige la prière est toujours un imam, même si cela ne dure que cinq minutes. De la même manière, un non-musulman qui cherche à se convertir

à l'islam doit à nouveau affirmer son « témoignage de foi » — l'affirmation que Muhammad est le prophète de Dieu et qu'il n'il n'y a pas d'autre dieu — devant deux témoins. Deux témoins masculins adultes sains d'esprit sont acceptables tant qu'ils sont musulmans. Une personne qui veut se convertir à l'islam aujourd'hui sélectionnera probablement des témoins qui peuvent tamponner un certificat officiel. S'ils vivent dans un pays musulman, ils choisiront probablement des oulémas du gouvernement ; néanmoins, ce n'est qu'une question de commodité administrative. Cependant, ce n'est pas à cause de quoi que ce soit avec l'islam ou les hommes saints ; les États modernes préfèrent que les questions essentielles soient traitées officiellement et sous leur contrôle. Les membres des oulémas sont plus susceptibles que les musulmans ordinaires de diriger la prière dans une mosquée importante ou de certifier des conversions ou des mariages.

Les oulémas et les prêtres diffèrent grandement les uns des autres d'une autre manière importante : aucun des deux groupes n'est structuré selon une hiérarchie formelle. Leur structure interne s'apparente plus à celle des médecins qu'à celle des prêtres. Naturellement, certains oulémas sont plus vénérés que d'autres, et certains répondront à d'autres à l'intérieur d'institutions spécifiques (une école, par exemple), qui auront toutes un directeur. Il peut même exister des conseils nationaux ou régionaux des oulémas comme il existe des conseils médicaux. Cependant, aucun membre ouléma ne possède quoi que ce soit de proche du pouvoir sur les autres membres oulémas qu'un évêque ou un pape a sur les évêques ou les prêtres.

Les oulémas aujourd'hui
Les oulémas étaient vénérés, puissants et riches tout au long de la majeure partie de l'histoire musulmane. Ils étaient en charge du système judiciaire, de l'éducation et de l'enseignement de l'islam. Hormis l'apprentissage, il n'y avait pas d'autre forme d'enseignement que celle offerte par les oulémas. Un boulanger apprend à cuisiner en travaillant pour un autre boulanger, un maçon apprend en travaillant pour un autre maçon et un médecin ou un commis apprend en travaillant pour un autre médecin ou commis. Mais pour travailler comme médecin ou commis, il faut d'abord être alphabétisé, et les oulémas dispensent l'enseignement fondamental. Les oulémas contrôlaient pratiquement tous les aspects de la vie intellectuelle.

Parce que leurs grandes mosquées et institutions étaient financées par des dotations qui donnaient aux oulémas qui travaillaient leurs salaires respectables, les oulémas ont maintenu leur richesse. Ces dotations étaient sous la supervision des oulémas, qui peuvent également utiliser l'argent supplémentaire pour les frais et autres dépenses. Même si un ouléma qui a fini par enseigner dans une école de campagne n'a peut-être pas beaucoup plus d'argent que les paysans dont il a instruit les enfants, les prédicateurs et les chefs de prière des mosquées importantes et les éducateurs des écoles importantes jouissaient d'un style de vie confortable.

À l'exception de l'Arabie saoudite et de l'Iran, qui seront couverts plus tard, les oulémas conservent aujourd'hui certaines de leurs proéminences passées et sont fréquemment discutés avec respect. Ils ne sont plus riches, pour commencer, car le gouvernement a presque universellement repris les dotations dont ils bénéficiaient autrefois. Les oulémas sont maintenant fréquemment rémunérés par l'État comme des bureaucrates, et dans la plupart des pays musulmans, les bureaucrates sont extrêmement mal payés. Ainsi, d'un point de vue économique, les oulémas sont passés de la classe moyenne supérieure à la classe moyenne inférieure, ce qui a naturellement affecté le recrutement. Les musulmans les plus intelligents et les plus ambitieux désiraient autrefois rejoindre les oulémas ; aujourd'hui, les musulmans les plus intelligents et les plus ambitieux souhaitent travailler pour des entreprises mondiales. De plus, les oulémas n'ont plus de contrôle sur la vie intellectuelle.

Il y a des journaux, des journalistes, des stations de radio et de télévision, des collèges et des universitaires, des auteurs de romans et des directeurs de galeries partout dans le monde musulman. Semblables à ce que l'on voit en Occident, ceux-ci ont des rôles majeurs dans la vie intellectuelle. Les oulémas sont aujourd'hui confrontés à la concurrence, même dans le domaine de la religion. Les journaux publient occasionnellement des articles écrits par des oulémas, mais les journalistes grand public doivent trouver une bonne raison pour éviter les sujets religieux. Les prédicateurs traditionnels des petites mosquées n'étaient pas des oulémas, mais ils n'avaient pas la formation nécessaire pour faire bien plus que combler un vide. Ils peuvent désormais détenir des diplômes universitaires et posséder une formation intellectuelle générale comparable à celle des oulémas. En réalité, beaucoup de gens préfèrent leur prédication à celle des oulémas. Dans le monde musulman, écouter les enregistrements des prédicateurs est très courant. Il n'y a pas de statistiques exactes, mais sur la base d'une supposition éclairée, plus de 75 % de ces enregistrements présentent des prédicateurs qui ne sont pas oulémas.

De même, il n'y a pas de statistiques précises sur les ventes de romans religieux, pourtant seul un auteur sur dix parmi les plus vendus de ce genre est ouléma. Au lieu de cela, ils travaillent comme journalistes, avocats, médecins et, à l'occasion, professeurs d'université. Même les ingénieurs et les informaticiens deviennent de plus en plus importants.

Tous les endroits n'ont pas les mêmes circonstances. En raison du wahhabisme, l'Arabie saoudite a toujours été un exemple unique où les oulémas conservent leur statut social antérieur. Après la révolution iranienne de 1979, les oulémas ont également retrouvé leur ancien rôle en Iran. L'Iran est unique en ce sens qu'il s'agit d'un État chiite établi de longue date. L'une des raisons pour lesquelles l'État n'a pas encore été en mesure d'éliminer le statut économique et social des oulémas est la nature et l'organisation particulière de l' islam chiite. Cependant, même en Iran, les oulémas n'ont pas pu maintenir leur monopole antérieur sur la vie intellectuelle et éducative. Ils ont réussi à conserver suffisamment de leur ancien statut pour participer et tirer profit de la révolution iranienne.

La révolution a été une bénédiction mitigée pour les oulémas iraniens car cela signifiait qu'ils seraient désormais étroitement identifiés au nouveau gouvernement. Les oulémas ont également perdu de leur popularité à l'instar de la dictature. Les jeunes membres oulémas adoptent occasionnellement une tenue vestimentaire régulière avant de monter dans les transports en commun en Iran au moment de la rédaction en raison du sentiment populaire dans le pays.

Un mélange de journalistes et d'intellectuels autoproclamés ont partiellement rempli le rôle des oulémas dans certaines parties du monde sunnite. Dans la plupart des nations musulmanes, il n'y a pas de groupe reconnaissable de personnes ayant une autorité religieuse. C'est aussi partiellement vrai en Occident, où les journalistes et autres « laïcs » se contentent d'écrire sur des sujets religieux. Cependant, les églises occidentales continuent d'exercer une plus grande influence sur la plupart des chrétiens occidentaux que toute autre institution ou groupe actuellement sur les musulmans sunnites du monde entier.

Bien que la majorité des musulmans dans le monde soient aujourd'hui sunnites, il existe également des musulmans chiites, notamment en Iran et en Irak. D'autres dénominations considérablement plus petites sont également disponibles. Le mouvement wahhabite, qui a son soutien le plus fort en Arabie saoudite, est, à certains égards, une dénomination distincte. Depuis la fin de la Seconde Guerre mondiale, il a gagné en popularité parmi les musulmans sunnites et promeut l'interprétation la plus littérale du Coran et des hadiths.

Bien que de nombreux musulmans affirment maintenant qu'ils adhèrent simplement à ce que dit le Coran, leur perception de ce qu'ils découvrent dans le

Coran est influencée par un processus d'interprétation qui a eu lieu dans les premiers siècles après le Prophète. Les oulémas, ou érudits religieux ont effectué cette procédure en utilisant le Coran, les hadiths et leur raisonnement logique.

Les oulémas n'accomplissent pas de devoirs sacramentels ; ils ne sont donc pas prêtres. Ce sont des universitaires qui occupaient autrefois des postes d'autorité. Ils ne sont plus aussi importants qu'avant et n'attirent plus les meilleurs talents. À l'exception de l'Arabie saoudite et de l'Iran, où ils détiennent encore une autorité importante, ce sont souvent des bureaucrates sous-payés.

La charia, qui contient des règles sur tous les aspects de la vie, est l'aboutissement de tous les jugements des oulémas. Il contient ce qui serait considéré comme le droit pénal et civil en Occident, les spécificités du rituel et du culte et, si les lecteurs le souhaitent, des instructions sunna sur presque tous les éléments de la conduite humaine. Même si la charia n'est plus la règle de droit dans la plupart des pays musulmans, les musulmans continuent de vivre selon ses normes. Certains musulmans sunnites et chiites mettent l'accent sur les composantes internes de la spiritualité islamique tout en adhérant à la charia. Ces soufis sont organisés en ordres et mettent l'accent sur les qualités intérieures de l'Islam.

La charia est toujours importante, mais les oulémas sont moins importants. Ils ne possèdent plus le pouvoir ou le statut financier qu'ils avaient autrefois, à l'exception de quelques nations. Dans de très rares cas, les jeunes hommes intelligents et ambitieux ne poursuivent plus les carrières d' oulémas . Au lieu d'entrer dans le monde commercial, ils deviennent journalistes et penseurs, où ils peuvent expliquer l'islam au grand public de la même manière que les oulémas, mais sans l'éducation théologique formelle des oulémas.

Chapitre 8 -
La Charia

À l'occasion, les points de vue des oulémas sur des questions spécifiques ont été compilés, et ces compilations sont presque officiellement considérées comme des codes de droit. Ces codes sont décrits en deux mots. Le fiqh, qui comprend des réglementations sur des questions telles que les contrats, la propriété foncière, le vol et l'héritage, ainsi que des réglementations sur des choses comme la prière et le jeûne, se rapproche le plus d'un sens occidental de la « loi ». Il y a aussi la charia, une expression souvent confondue avec le fiqh mais qui a une définition plus large. La charia contient le fiqh et toutes les directives morales et éthiques dont une personne a besoin pour mener une bonne vie.

Le nom « charia » est maintenant fréquemment interprété en Occident pour signifier le droit pénal de l'islam ou même simplement des peines particulières en droit pénal, notamment la lapidation et l'amputation. La charia régit également le système de justice pénale. Cette interprétation erronée a ses justifications, mais ce n'est pas le vrai sens du mot. Le mot « charia » sera utilisé dans ce livre dans sa véritable définition originale comme les principes et les perspectives qui conduisent (ou devraient conduire) les musulmans dans la vie.

Pour tout acte, la charia définit cinq catégories. L'interdit (haram) et le nécessaire sont deux que les lecteurs occidentaux connaissent tout de suite (fard). Il est interdit par la loi de commettre un meurtre, d'épouser sa sœur ou de signer un accord pour vendre ce que l'on ne possède pas. Il est nécessaire de prier, de prendre soin de son conjoint et de rembourser ses dettes. Le contraire de haram est halal, « autorisé », qui a une signification similaire à casher dans le judaïsme. Un boucher qui vend de la viande que les musulmans sont autorisés à consommer est dit halal (c'est-à-dire qui n'a pas été abattu contrairement à la charia).

La troisième classification est « préférée », ou Mustahab, également connue sous le nom de Sunna. Comme nous l'avons appris au chapitre 1, la Sunna est la pratique modèle du Prophète. Le terme peut également être utilisé différemment pour désigner un acte recommandé mais non mandaté (Mustahabb ou sunna). C'est la Sunna, dans ce sens, d'attendre pour boire jusqu'à ce que vous ayez fini de manger.

En conséquence, les musulmans d'aujourd'hui devraient suivre le Prophète et les premiers musulmans en s'abstenant de boire avant d'avoir mangé, bien qu'ils ne soient pas obligés de le faire. Il n'y a pas d'option en la matière ; la prière du vendredi dans une mosquée à midi est obligatoire. Quiconque manque la prière du vendredi dans une mosquée sans raison valable verra cette prière manquée compter contre lui lorsqu'il sera jugé après sa mort. D'autre part, Sunna offre des prières avant le voyage et donne l'aumône aux mendiants des rues. Bien que cela soit perçu favorablement, ne pas le faire ne le sera pas.

La quatrième catégorie, makruh, ou découragée, est la Sunna opposée. Il n'est pas recommandé de se couper les cheveux le vendredi, de boire avant d'avoir fini de manger ou de critiquer un mendiant. Tout comme on est récompensé pour avoir exécuté la Sunna mais on n'est pas pénalisé pour s'être abstenu de le faire, on est récompensé pour s'être abstenu d'accomplir le découragé, mais on n'est pas puni pour l'avoir fait. Bien qu'il ne soit pas méprisé si quelqu'un se fait couper les cheveux un vendredi, il est recommandé d'attendre jusqu'à samedi (à moins que la personne en question ne se trouve dans certaines régions d'Asie du Sud-Est, où les oulémas soutiennent que le vendredi est préférable au samedi).

La cinquième et dernière catégorie est une catégorie neutre autorisée connue sous le nom de mubah. À moins de réconforter une personne malade, Sunna, ou de planifier un rendez-vous le vendredi avec le coiffeur, ce qui est makruh, parler au téléphone est autorisé.

L'Islam a une certaine flexibilité en raison de ces diverses divisions. Les deux catégories extrêmes, interdites et nécessaires, sont censées être considérées par tout le monde, ce qui est généralement le cas. Cela n'implique pas que tous les musulmans accomplissent leurs prières à temps ou s'abstiennent de signer des contrats douteux, mais cela implique que tous les musulmans sont conscients des conséquences de le faire. C'est à l'individu de décider combien de sunna et de makruh, deux catégories intermédiaires, sont observées. Alors qu'un musulman fervent essaiera de suivre la Sunna et de s'abstenir de makruh, la plupart des musulmans ne se soucient pas de le faire. Le vendredi, les salons de coiffure voient de nombreux clients, dont la plupart doivent probablement être informés qu'il n'est pas conseillé de se faire couper les cheveux ce jour-là ; beaucoup sont au courant mais ne semblent pas s'en soucier. L'eau et les sodas ne sont souvent servis qu'après le repas dans les ménages musulmans ; cependant, c'est plus par tradition que pour une raison religieuse. Je me demande si de nombreuses personnes savent que la tradition qu'elles suivent à un fondement religieux.

Il y a des exceptions, même pour les catégories extrêmes. Si quelqu'un essaie de vous tuer et que la seule façon de l'arrêter est de riposter, c'est une exception à l'interdiction de tuer. Il est nécessaire de jeûner, mais pas si votre santé en sera affectée négativement en raison d'une condition médicale.

Un cas de rupture de contrat ne sera plus jugé selon la charia dans la plupart des pays musulmans. La charia était autrefois le fondement principal du système juridique dans les gouvernements musulmans, mais pour des raisons que j'expliquerai au chapitre 11, elle a maintenant été largement supplantée. Cependant, la charia continue d'être la norme à laquelle tous les musulmans adhèrent ou ne tiennent pas compte, selon le type de musulman dans leur vie quotidienne.

Ce que la charia dit sur un certain sujet signifie plus pour les musulmans pieux que ce que dit la loi de leur pays. Par exemple, bien que la consommation de porc ne soit pas interdite par la législation nationale dans la plupart des pays musulmans, elle l'est par la charia. Aucun musulman ne consommera de porc car cela est autorisé par la législation nationale. Une ville arabe a un changeur de monnaie du marché noir bien connu, un musulman dévoué dont l'entreprise diffuse constamment des bandes du Coran. Beaucoup de ses clients occidentaux trouvent étrange cette confluence de la religion et du crime. Pourtant, d'un point de vue islamique, cela a plus de sens parce que le changeur adhère à la charia, qui n'a rien à dire sur le contrôle des changes. Cependant, beaucoup soutiennent que les musulmans doivent respecter toutes les lois et réglementations nationales tant qu'ils n'exigent rien contre la charia. Même si elle ne sert plus de fondement au système juridique de l'État, les musulmans accordent néanmoins beaucoup de valeur à la charia dans le monde moderne.

Les musulmans qui s'identifient comme sunnites et chiites ont des interprétations quelque peu distinctes de la charia, en partie parce que les oulémas de chaque dénomination ont produit leurs versions indépendamment les uns des autres et en partie parce qu'ils ont utilisé diverses sources et méthodologies pour ce faire. Les chiites et les oulémas ont mis en doute la véracité de plusieurs hadiths reconnus par les oulémas sunnites. Plus importants encore, les chiites considéraient leurs premiers dirigeants qu'ils appelaient des « imams » — comme des interprètes infaillibles de la charia et de l'islam.

Les chiites et les oulémas attribuaient une importance et un poids égaux à leurs interprétations et au hadith du prophète Mahomet. Même lorsque le Prophète ne transmettait pas le Coran qui lui avait été révélé, il parlait toujours au nom de Dieu, donc tout ce que le Prophète disait à propos de l'islam était, par définition, correct pour les musulmans sunnites (mais pas dans les mots réels de Dieu). Les sunnites croient que personne n'a parlé au nom de Dieu depuis sa mort, même si certains ont sans aucun doute été plus précis que d'autres. Pour les musulmans chiites, les imams ont également parlé pour Dieu de la même manière que le prophète l'a fait puisque leurs paroles étaient protégées de l'erreur par le divin. Les imams ne jouissaient pas d'une telle protection parmi les musulmans sunnites.

En réalité, la plupart des différences entre sunnites et chiites sont insignifiantes. Ils contestent le moment du jeûne mais pas la nécessité du jeûne. Le terme « musulmans » désigne à la fois les musulmans sunnites et chiites dans les chapitres restants de ce livre. On notera que les chiites ont une perspective différente.

Les soufis sont un autre groupe avec une interprétation légèrement différente de la charia. Bien que beaucoup de gens soient mal informés à ce sujet, il est crucial de réaliser que les soufis ne sont pas un groupe religieux distinct. Le soufisme n'est pas une alternative à l'islam sunnite ou chiite ; c'est plutôt l'un des deux.

Pour les soufis, le soufisme est un ensemble de croyances et de pratiques qui leur permettent d'avoir un avant-goût du ciel avant d'atteindre le ciel en les rapprochant de Dieu dans cette vie. Au contraire, le soufisme est considéré par les wahhabites et certains autres musulmans comme étant un grand bida, une invention peu orthodoxe du type le plus gênant, et n'ayant pas sa place dans l'islam. Le soufisme, à leur avis, devrait être entièrement éradiqué de l'islam.

Un soufi appartient généralement à un ordre soufi appelé tariqa qui est dirigé par un « Shaykh » (ancien), également connu sous le nom de « guide », en plus de pratiquer tout ce que tous les autres musulmans fidèles pratiquent. Dans certains ordres, le Shaykh est un professionnel à plein temps qui fournit à ses disciples (ou très rarement à ses) disciples des instructions spécifiques alors qu'ils avancent étape par étape sur une route spirituelle difficile qui mène finalement à l'expérience spirituelle de Dieu lui-même. Mais le plus souvent, le Shaykh est un employé à temps partiel qui ne fait guère plus que diriger un rituel hebdomadaire connu sous le nom de hadra (ou majlis), où les soufis se rassemblent pour accomplir un type unique de culte appelé zikr . Chaque ordre a des rituels et des pratiques uniques qui lui sont propres.

Les soufis mettent l'accent sur la charia comme un moyen d'atteindre une fin plutôt que comme une fin en soi, et le soufisme exhorte les gens à se concentrer sur les significations intérieures plutôt que sur les apparences extérieures. Ils ont souvent été accusés de désobéir à la charia ou, à tout le moins, de lui accorder moins de respect qu'ils ne le devraient. Bien que cela se produise occasionnellement, cela est rare et les soufis adhèrent généralement à la charia de la même manière que les autres musulmans.

Partie 3 -
SOURIRES ET FRONCES: TYPES DE MUSULMANS

" Fais le bien et jette le dans une rivière; un jour, il te sera rendu dans le désert"

Rumi

Chapitre 9 -
Tradition

La Réforme européenne a vu la survenance de trois événements importants. La première était que les membres d'une nouvelle classe moyenne nouvellement alphabétisée ont commencé à lire la Bible de manière indépendante en raison de la perte de l'influence de l'Église catholique. La seconde est qu'à la suite de la Contre-Réforme, le christianisme a changé, plus pour les nouveaux protestants que pour les catholiques, mais aussi pour les catholiques. L'événement final fut la division de l'Europe en nations protestantes et catholiques, qui se livraient fréquemment à la guerre.

La seconde partie du XIXe siècle a vu l'Islam vivre les trois mêmes phénomènes de manière moins évidente :

1. Comme nous l'avons vu, les oulémas ont perdu leur pouvoir antérieur et les conceptions traditionnelles de l'islam ont été principalement remplacées par de nouvelles classes moyennes alphabétisées, formées de manière indépendante.

2. L'islam s'est transformé en raison de l'entrée de nouvelles perspectives, que j'aborderai à différents moments de ce livre.

3. Le monde musulman s'est séparé, un peu comme l'Europe l'avait fait des siècles auparavant.

Contrairement à l'Europe protestante et catholique, la division entre musulmans « modernes » et « traditionnels » était basée sur la classe et non sur le territoire. Aujourd'hui, les musulmans les plus éduqués qui vivent dans les villes ont tendance à adhérer à une forme d'islam réformée quasi protestante que j'appellerai « moderne ». En revanche, les musulmans les moins éduqués qui vivent dans les zones rurales ont tendance à adhérer à l'ancienne forme traditionnelle de l'islam.

Les musulmans traditionnels se concentrent souvent sur des questions telles que la prière, la grâce divine et les saints dans leur vie religieuse. Les soufis sont presque universellement des musulmans conservateurs. Les musulmans modernes considèrent de nombreuses croyances traditionnelles comme des superstitions et sont particulièrement préoccupés par la manière dont la charia leur est appliquée personnellement et à la société dans son ensemble. Cependant, une distinction significative entre l'islam conventionnel et l'islam moderne : l'ancien islam n'a jamais été hautement politique, alors que l'islam moderne apparaît souvent comme très politique en raison de son accent sur la société.

Les musulmans modernes et les musulmans traditionnels coexistent dans la plupart des cas assez pacifiquement. Par exemple, dans de nombreux pays, l'homme qui prépare le thé sera souvent un musulman traditionnel, alors que le chef de bureau sera généralement un musulman moderne. Les deux croient que l'autre est musulman, mais le manager moderne considère l'homme qui apporte le thé comme stupide et superstitieux.

En revanche, l'homme traditionnel qui fournit le thé pense que le gérant ignore certains concepts cruciaux liés à la vie, à Dieu et à la religion. Même si le gérant est nettement plus riche que le musulman traditionnel avec le plateau à thé, le musulman traditionnel n'échangerait jamais sa place avec lui pour quoi que ce soit si le gérant ne peut même pas comprendre comment la grâce divine opère dans le monde. Mais généralement, aucun des hommes n'offensera l'autre. Lorsque des conférences ont lieu, cela implique généralement qu'un musulman contemporain utilise sa position supérieure et son diplôme universitaire pour faire la leçon à un musulman traditionnel, qui peut sembler écouter avec respect mais qui n'y prête probablement pas attention.

Dans le monde musulman, des tensions post-réformation existent entre les différentes branches de l'islam moderne et le gouvernement plutôt qu'entre les musulmans traditionnels et contemporains.

La distinction entre les musulmans traditionnels et modernes est cruciale, et tout au long de ce livre, elle sera évoquée à plusieurs reprises. Bien que tous deux soient musulmans, leurs pratiques diffèrent considérablement. Bien qu'ils ne soient pas des dénominations juridiquement indépendantes, ils pourraient l'être. Le plus souvent, leurs distinctions par rapport à celles des musulmans sunnites et chiites sont plus importantes.

Chapitre 10 -
La Modernité

L'introduction de la modernité au XIXe siècle a été une évolution qui a plus modifié le christianisme que la Réforme. Les défis que la modernité a posés à la religion se sont surtout fait sentir en Occident, mais ils ont également eu un effet dans une certaine mesure dans le monde musulman.

Les sciences naturelles du XIXe siècle ont posé la première et la plus directe menace à la religion en faisant plusieurs découvertes troublantes, notamment sur les origines de la Terre et de l'humanité. Le cas test était et est toujours l'évolution : Dieu a-t-il créé l'homme pour que son « dessein intelligent » puisse être vu, ou a-t-il évolué au hasard à partir d'un singe ? Une autre difficulté consistait à élargir les informations provenant d'autres sources, telles que les études sociologiques et la fiction, qui ont commencé à préconiser des théories de la nature humaine en contradiction avec les théories religieuses. Le troisième obstacle à la religion a reçu peu d'attention du grand public mais a eu un impact significatif : les historiens et les linguistes ont commencé à comprendre la religion comme quelque chose qui a évolué et changé au fil du temps. En plus des auteurs humains, la Bible contenait également des éditeurs humains qui ont tenté, mais parfois échoué, de rassembler des points de vue opposés.

Les chrétiens d'Occident ont adopté une variété de points de vue en réponse à ces difficultés. À un extrême, on pourrait croire que Dieu a créé l'homme et que tout ce qui suggère l'évolution est une erreur ou une ruse diabolique. Typiquement, les chrétiens qui occupent cette position croient aussi que la sociologie et la littérature n'ont rien à nous apprendre et que le christianisme qu'ils pratiquent maintenant est exactement ce que Jésus a prêché. D'un autre côté, on peut embrasser l'évolution et prétendre que la Bible est entièrement fausse. Ces agnostiques considèrent généralement la sociologie et la littérature comme de meilleures sources de connaissances que la Bible. Ils croient que l'étude de l'histoire peut faire la lumière sur les origines de l'illusion répandue du christianisme.

Certains soutiennent que la Bible utilise des symboles pour transmettre les éléments clés du lien entre Dieu et les gens entre ces deux extrêmes. La Bible est un texte divin d'une portée exceptionnelle même s'il ne fait aucune affirmation scientifique précise concernant les causes techniques de l'apparition de la vie humaine sur Terre. Ces personnes peuvent considérer la sociologie et les livres comme des sources de connaissances importantes, mais doivent être considérées comme des sources d'autre chose que de la vérité immuable.

Ces chrétiens croient que certaines parties de l'enseignement chrétien sont susceptibles d'être modifiées parce qu'elles sont basées sur des jugements antérieurs du conseil de l'Église. Il n'y a aucune raison pour qu'une question qui a été résolue d'une certaine manière il y a mille ans ne puisse pas être résolue différemment aujourd'hui.

Une quatrième position, qualifiée de « postmoderne », est peut-être la plus nuancée (bien qu'elle ait été développée pour la première fois au XIXe siècle). Selon ce point de vue, la Bible a été écrite par nos plus anciens ancêtres. Il contient beaucoup d'informations qui contredisent leurs croyances actuelles, tant sur le plan scientifique et sociologique que théologique, mais il contient également la vérité. Nous pouvons trouver cette vérité grâce à des sources de connaissances impartiales, telles que des livres et l'étude de différentes religions. Malgré ses origines humaines, la Bible est néanmoins l'un des meilleurs canaux pour communiquer avec le divin.

Chrétiens et musulmans ont à leur disposition des options extrêmes. Soit le Coran est correct (et l'évolution est une erreur ou une ruse), soit, à l'autre extrême, le Coran est entièrement faux. Une théorie astucieuse qui soutient la position coranique dans le débat sur l'évolution est que les restes qui semblent être des « chaînons manquants » sont ceux d'humains morts depuis longtemps qui ont été transformés en forme simienne par Dieu en représailles pour leurs méfaits importants.

Cependant, les musulmans trouvent difficile d'occuper l'une ou l'autre des deux positions intermédiaires. Les musulmans croient que tout le texte coranique est la création et la parole écrite de Dieu. Il est concevable pour un musulman de croire que le Coran utilise un langage symbolique et exprime l'essence des choses plutôt que leurs formes techniques. Pourtant, il est difficile de croire que le Coran reflète les perspectives de nos ancêtres les plus lointains. Cela suggérerait que le Coran n'est pas la parole de Dieu, et le suggérer, c'est renoncer à l'islam.

La position qui se rapproche le plus de celle-ci est celle de plusieurs intellectuels musulmans qui soutiennent que le Coran reflète les croyances de nos ancêtres dans la mesure où Dieu a pris en compte le niveau général de compréhension de l'époque et du lieu de la même manière qu'il a pris en tenant compte de la langue de l'époque et du lieu : Dieu a révélé le Coran aux Arabes au VIIe siècle en utilisant des concepts du VIIe siècle et en parlant l'arabe du VIIe siècle. Ces penseurs se trouvent actuellement principalement en Iran, chez les oulémas et dans les universités, avec des occurrences sporadiques en Occident.

Par conséquent, en raison du statut du Coran, les musulmans ne sont pas autorisés à tenir les mêmes rôles que les chrétiens. Les musulmans et les chrétiens ont des croyances différentes sur la révélation finale de Dieu, ce qui rend l'islam applicable à toutes les époques et à tous les lieux. Par conséquent, même si les circonstances peuvent changer, l'islam lui-même ne peut pas changer et n'a jamais changé. Les règles elles-mêmes sont intemporelles ; tout au plus, les spécificités de leur application ont été et peuvent encore être modifiées. Il est donc extrêmement difficile pour les musulmans d'imaginer l'évolution et le changement de l'islam au fil du temps.

Même si certaines recherches universitaires ont été menées sur l'évolution historique de la théologie islamique, elles sont relativement basiques, du moins par rapport aux recherches qui ont été menées sur le christianisme, ce qui est une autre raison pour laquelle seule une petite fraction des musulmans comprend l'évolution de l'islam. Les Occidentaux constituent la majorité des chercheurs actifs en histoire religieuse, et ils s'intéressent plus au christianisme qu'à l'islam. La grande majorité des fois, des recherches historiques sur les idées islamiques ont été menées, et cela a été fait par des Occidentaux ou des Musulmans qui manifestement ne pratiquaient pas ou ne croyaient pas aux Musulmans. En conséquence, lorsque les conclusions de telles études sont portées à la connaissance des musulmans, elles sont généralement rejetées comme étant totalement infondées ou même comme une attaque contre l'islam par des étrangers cherchant à anéantir l'islam et les musulmans. En conséquence, les perspectives historiques sur la religion courantes en Occident ne sont pas disponibles dans le monde musulman. Seule une petite minorité de musulmans les rencontre et est même en mesure d'y penser.

Le résultat est que, même s'il peut sembler évident à beaucoup d'occidentaux que l'Islam était à l'origine la religion des tribus qui vivaient dans le désert dans les temps anciens, puis d'une société sophistiquée mais essentiellement pré-moderne, il ne porte les traces de son histoire qu'une très petite minorité de musulmans est en mesure d'adopter ce point de vue. Bien qu'il soit intéressant d'observer les effets que les idéologies actuelles en Iran et en Occident auront dans le futur, les musulmans « postmodernes » sont aujourd'hui si insignifiants qu'ils n'ont aucune signification réelle. Ils appartiennent à leur catégorie.

Les mondes mentaux des musulmans couvrent l'Arabie du VIIe siècle, tout comme les mondes mentaux chrétiens contiennent la Palestine du Ier siècle. C'est une autre raison pour laquelle l'islam ne les considère pas comme la religion des tribus du désert. Même si l'environnement dans lequel vivent les Occidentaux modernes est très différent de celui des bébés dans les crèches et des rois suivant les étoiles, ils ne se sentent pas étranges. De la même manière, les musulmans qui vivent dans des immeubles de grande hauteur et disposent de la télévision par satellite ne trouvent pas étrange d'assister à des combats tribaux dans le désert.

Chapitre 11 -
Religiosité

Comme on pouvait s'y attendre, les niveaux de dévotion des musulmans traditionnels et modernes à l'islam vont de la ferveur dévouée à l'à peine nominal, avec un nombre infini de gradations entre les deux. Certains musulmans pieux vivent selon la charia dans chaque décision qu'ils prennent, et ne sont que des musulmans de nom qui ne pensent pas beaucoup à l'islam. Bien sûr, il y a aussi des ex-musulmans, ceux qui ont été élevés comme musulmans mais qui ont ensuite abandonné leur foi ou se sont convertis à une autre.

Les deux principales catégories de catégorisation de la religiosité selon la charia sont « juste » (Salih) et « corrompu » (fasih), ce qui se traduit essentiellement par « observateur » et « non-observateur ». En réalité, la plupart des musulmans évaluent la religiosité en termes un peu plus nuancés, en considérant des niveaux d'observance variable entre ces deux options. Dans la vraie vie, la fréquence des prières est plus importante que le fait qu'une personne soit « juste » ou non.

Les musulmans adultes doivent faire une prière rituelle cinq fois par jour d'une manière spécifique et à une heure précise. Le moment où la prière peut être effectuée au plus tôt et le temps après qu'elle a été

« manquée », diffèrent de trois à quatre heures pour la plupart des cinq prières rituelles. Le musulman le plus pieux accomplit les cinq prières dès qu'elles sont dues, ce qui nécessite de se lever tôt pour la prière du matin. Une telle personne est assez méticuleuse dans le respect de la charia et ne manque une prière que dans les circonstances les plus extraordinaires et les plus extrêmes (y compris de nombreuses parties de celle-ci qui ne sont que de la sunna). Le niveau de pureté suivant équivaut à quelqu'un qui offre les cinq prières mais en oublie parfois une s'il est préoccupé par autre chose et « se rattrape » en l'offrant plus tard. Une telle personne pourrait oublier de dire la prière du matin, se rattrapant au réveil plutôt que de se lever tôt. Une telle personne adhérera à certaines pratiques sunna et à la plupart de la charia. Ces niveaux de musulmans dévots indiquent une pureté généralement respectée mais pas exceptionnelle et seraient considérés comme « justes » en vertu de la charia.

La classification suivante concerne les musulmans qui ne sont que partiellement pieux ; elles peuvent prier occasionnellement la prière du vendredi dans une mosquée si elles sont des hommes ou prier occasionnellement à la maison le jeudi soir si elles sont des femmes. Lorsqu'ils traversent une période difficile de leur vie ou pendant le ramadan, ils peuvent prier les cinq prières pendant quelques jours ou quelques semaines avant de cesser. Ils seront au courant des diverses fonctionnalités liées à la charia et adhéreront à certaines d'entre elles. Suite à cette gradation, quelqu'un qui ne prie que deux fois par an pendant les principales vacances, suivi de quelqu'un qui n'a pas prié depuis des années, suit ensuite.

Une telle personne peut ou non continuer à adhérer à d'autres exigences de la charia, notamment le jeûne du Ramadan. Ces deux niveaux de musulmans partiellement pratiquants seraient considérés comme « corrompus » par la charia, bien que presque tous les musulmans et la société musulmane les voient avec une plus grande tolérance.

La difficulté d'accomplir les cinq prières change selon la situation, ce qui remet en question cette méthode de mesure de son niveau de dévotion à l'islam. En Arabie saoudite wahhabite, un cas rare parmi les nations musulmanes, le gouvernement impose la religion par des mesures telles que l'obligation pour les entreprises de fermer pendant les heures de prière. La seule option restante pour les clients est de visiter une mosquée et de prier. Supposons qu'ils voient des gens dans la rue pendant l'heure de la prière.

Dans ce cas, les membres du Comité de promotion de la vertu et de prévention du vice - souvent appelés par les Occidentaux « la police religieuse » les poursuivront dans une mosquée voisine en brandissant des bâtons. Par conséquent, en Arabie Saoudite, la prière quotidienne ne révèle pas grand-chose sur une personne. Il lui était plus facile de suivre les instructions que de discuter avec le comité de promotion de la vertu et de prévention du vice, alors même un chrétien arabe que je connais s'est retrouvé une fois en train de prier dans une mosquée en Arabie saoudite. Il s'agissait simplement d'un cas de non-enquête, et non d'une tentative de convertir les chrétiens arabes à l'islam. D'un autre côté, l'élite en Turquie désapprouve de telles manifestations de religion et, dans certains cas, la prière peut même être considérée comme une violation de la discipline militaire. Par conséquent, le fait de ne pas prier régulièrement en Arabie saoudite et en Turquie a des connotations assez différentes.

L'Arabie saoudite et la Turquie en sont de graves exemples, mais les conditions diffèrent même là-bas. Si l'on habite un hameau où tout le monde se réveille à l'aube, il est simple de faire la prière du matin à l'heure. Cependant, si l'on travaille tard dans une ville où la lumière électrique a remplacé les schémas naturels, ce n'est pas le cas. La même chose est vraie si ses collègues arrêtent tous de travailler et prier ensemble. Pourtant, si l'on vit dans un pays occidental, il est peu probable qu'il y ait une zone de prière sur son lieu de travail, et il faudra peut-être une certaine volonté pour supporter les regards choqués des autres alors que l'on prie dans le coin du bureau. Toutes ces considérations doivent être prises en compte lorsque l'on tente de déduire la religiosité des habitudes de prière.

Il est difficile de déterminer quelles proportions de musulmans dans le monde entrent dans les catégories ci-dessus. Cependant, il est probable que plus de musulmans aujourd'hui qu'au cours des siècles passés n'accomplissent pas les cinq prières quotidiennes. Les oulémas du Moyen Âge croyaient généralement qu'une personne qui ne priait pas avait abandonné l'islam et pouvait donc être punie pour apostasie. L'argument a été soulevé en premier lieu, impliquant qu'à l'époque, seule une petite fraction des musulmans ne priait pas, mais cette punition était rarement utilisée.

Cependant, il n'y a tout simplement aucun moyen de le savoir. La plupart des musulmans traditionnels d'aujourd'hui qui vivent dans des situations où il est facile de prier prient probablement encore régulièrement, alors que de nombreux musulmans modernes qui vivent dans des situations où il est plus difficile de prier ne le font pas. Il est même concevable que la plupart des musulmans de nos jours ne prient pas fréquemment et soient par conséquent, selon les termes de la charia, « corrompus ». Cependant, Dieu sait mieux, comme l'affirment les musulmans dévoués. Cependant, la plupart des musulmans observent le jeûne du Ramadan, autre signe de religiosité.

Le manque de prière régulière d'une personne n'implique pas qu'elle ne croit pas en l'islam. Les musulmans qui ne prient que rarement ou ne prient jamais respectent encore de nombreuses interdictions et obligations de la charia dans leur vie quotidienne et avec leur famille, en particulier pendant le Ramadan. L'islam continue de façonner leur vision du monde et leurs cadres éthiques. De même, trouver un musulman en train de boire de la bière dans un bar indique qu'une personne n'est pas très pieuse mais n'indique pas nécessairement que cette personne n'est pas religieuse, surtout si l'établissement se trouve dans un pays occidental.

Cependant, il y a aussi un petit pourcentage de musulmans non pratiquants dont les visions du monde et l'éthique ont peu à voir avec l'islam et qui ne prêtent aucune attention à la charia. Il y a beaucoup de chrétiens non pratiquants en Occident, et dans certains pays européens, presque tout le monde peut être classé comme simplement chrétien de nom. La situation dans le monde musulman est cependant considérablement différente. Les musulmans totalement non pratiquants sont plutôt rares, sauf pour des segments spécifiques de la société turque. Être autre chose qu'un chrétien nominal est inhabituel et nécessite du travail dans de nombreux pays européens et même dans certaines régions des États-Unis. Au contraire, il faut des efforts considérables pour éviter d'être quelque peu religieux dans le monde musulman. En Occident, où les pressions sociales vont dans l'autre sens, les musulmans ouvertement non pratiquants sont les plus courants.

En raison de leur rareté, les musulmans non pratiquants continuent de pencher davantage vers l'islam que les chrétiens de nom ne penchent vers le christianisme. D'autres musulmans non pratiquants peuvent être parmi les amis et la famille d'un musulman non pratiquant, mais il y aura toujours plus de musulmans pratiquants. S'il est possible de l'empêcher, même les musulmans strictement nominaux ne voudront pas contrarier leurs grands-parents ou insulter les étrangers. Par conséquent, les musulmans non pratiquants ne déclareront généralement pas ouvertement que leur islam est simplement nominal. D'autres musulmans n'iront généralement même pas aussi loin, mais les Turcs peuvent parfois souligner que la religion est une affaire strictement privée, ce qui revient parfois à un tel aveu. L'énorme réticence à déclarer à voix haute son identité non religieuse relève davantage de la discrétion que de l'hypocrisie.

Même un musulman non pratiquant peut être offensé par les remarques d'un musulman non extravagant sur l'islam, telles que les affirmations selon lesquelles Mahomet lui-même a écrit le Coran ou que la charia est archaïque et cruelle. Le musulman non pratiquant peut avoir des pensées similaires, mais c'est une autre affaire. Bien que je puisse trouver ma mère ennuyeuse, cela ne veut pas dire que je veux t'entendre le dire.
L'ancien musulman représente le niveau le plus bas de religiosité, qu'il s'agisse d'un athée déclaré ou d'un converti à une autre religion. Les convertis de l'islam

sont rares et ne se rencontrent généralement qu'en Occident et dans d'autres régions. Les musulmans constituent une petite minorité et ignorent souvent leur religion. Les missionnaires chrétiens ont fait d'importants efforts pour atteindre les musulmans au cours du XIXe siècle, mais pour la plupart exclusivement des chrétiens arabes convertis (par exemple, de l'orthodoxie copte au catholicisme).

Pourquoi si peu de musulmans se convertissent à d'autres religions, c'est un mystère. Le Coran fait plusieurs références à la supériorité relative du christianisme et de l'islam, ce qui peut être en partie dû au fait que les deux religions étaient bien établies à l'époque des premiers musulmans. Par conséquent, dès leur plus jeune âge, tous les musulmans sont quelque peu conscients de nombreuses idées chrétiennes fondamentales (ou d'une version de celles-ci) et des justifications pour les rejeter. Mon ami chrétien a été choqué quand un ami musulman a affirmé que les chrétiens croyaient en trois dieux : un au ciel, un sur terre et un qui planait au milieu.

Le musulman était inculte et n'adhérait pas à l'interprétation coranique de la Trinité. Pourtant, il était évident qu'au moins une caractéristique du christianisme était absurde. Les musulmans qui ont reçu plus d'éducation ont tendance à considérer le christianisme de la même manière, bien qu'avec un raisonnement plus avancé.

La façon dont les musulmans identifient les communautés en termes de religion est un autre facteur qui a empêché de nombreux musulmans de quitter l'islam. Quiconque quitte sa communauté initiale de famille et d'amis et rejoint un autre groupe religieux le fait de son propre gré. L'exigence de la charia de la peine de mort pour les musulmans qui renoncent à l'islam est un autre problème. Bien que rarement promulguée et rarement inscrite dans les législations nationales en vigueur, cette sanction existe. Un musulman du Koweït s'est converti au christianisme au début des années 1990, ce qui était si extraordinaire qu'il lui a valu une invitation à participer à un talk-show à la télévision koweïtienne. L'État koweïtien a estimé qu'il devait agir lorsqu'il s'est finalement présenté, arborant fièrement son nouveau nom chrétien. L'administration koweïtienne l'a simplement convaincu de quitter le pays tout en fermant les yeux sur lui, car son exécution aurait pu entraîner divers problèmes. Il y a des musulmans qui se sont convertis à d'autres religions et des musulmans qui sont des athées déclarés, mais ces personnes sont si rares que ce livre ne continuera pas à en parler.

Certains musulmans restent au même niveau de religiosité tout au long de leur vie, en particulier s'ils ont été élevés comme des musulmans traditionnels dévoués. D'autres ne deviennent religieux qu'en vieillissant. Certaines personnes fluctuent; ils ont peut-être été assez dévots dans leur enfance, mais sont ensuite devenus inattentifs jusqu'à ce qu'ils aient atteint leurs premières années d'âge moyen. Un musulman a dit, montrant son épaisse barbe, symbole de la religion contemporaine, avec un sourire sarcastique : « J'appréciais Pink Floyd alors, avant tout ça. Ça peut aussi aller dans le sens inverse, d'une adolescence religieuse à une épouse égyptienne. Un de mes amis des États-Unis a commencé à l'âge de 20 ans en tant qu'imam de l'Association des étudiants musulmans (illégaux) de l'Université du Caire, puis à Marx et Freud, et au moment où il avait 50 ans, était passé de Freud aux classiques de la philosophie mystique islamique médiévale.

Chapitre 12 -
Tolérance

Bien qu'un musulman non pratiquant soit généralement tolérant envers la non-observance et les non-musulmans, du moins à moins qu'il ne s'agisse de sujets tels que la politique plus sur la politique plus tard le degré de religiosité est principalement indépendant du degré de tolérance ou d'intolérance d'un musulman.

Parce que l'islam traditionnel interdit de porter un jugement hostile sur les autres, les musulmans traditionnels sont généralement plus tolérants que les musulmans modernes. Les musulmans traditionnels sont plus sûrs d'eux et moins enclins à être durs envers eux-mêmes ou envers les autres. Les soufis sont souvent plus tolérants que les autres musulmans parce que le soufisme encourage les gens à se concentrer sur les significations intérieures plutôt que sur les apparences extérieures.

Le soufisme interdit souvent de porter des jugements hostiles sur les autres individus. Les soufis déconseillent fréquemment de nourrir de l'animosité envers les autres, car ce que vous méprisez en eux est probablement le reflet d'un défaut en vous-même. Cependant, l'islam traditionnel exhorte également les musulmans pieux à éviter tout contact avec les corrompus qui, par définition, incluent les non-musulmans — sauf lorsque cela est essentiel. Dans les pays où les musulmans constituent une minorité, cela peut se traduire par des quartiers qui ressemblent à des ghettos ou même à de vrais ghettos. Bien sûr, même les musulmans dévoués préfèrent parfois se faire des amis avec des non-musulmans plutôt que de vivre dans un ghetto qu'ils ont eux-mêmes créé.

Bien que le monde musulman n'ait encore rien connu de semblable aux Lumières, de nombreux musulmans ont passé suffisamment de temps dans l'Occident post-Lumières pour absorber bon nombre des points de vue et des valeurs de ses citoyens et les connaître suffisamment bien pour comprendre ce qui s'y passe. Ces musulmans existent, même s'ils ne se sont pas regroupés pour former un groupe évident. Ils présentent généralement les niveaux les plus élevés de tolérance et de libéralisme.

Cela ne veut pas dire que tous les musulmans d'Occident sont libéraux ou que tous les musulmans d'Occident sont libéraux. Les musulmans libéraux et tolérants sont également les bienvenus dans le monde musulman, où les riches sont ceux où ils sont le plus susceptibles de se trouver car les riches ont plus d'interaction avec l'Occident. Au contraire, certains musulmans en Occident sont tout sauf tolérants ; selon les mots d'un américain, ils pourraient même être « vraiment fous ». Cela est en partie dû à la possibilité que leurs rencontres avec l'Occident les aient rendus moins tolérants qu'ils ne l'étaient auparavant.

Semblable à la façon dont les Occidentaux subissent fréquemment un choc culturel dans le monde musulman, les musulmans qui s'installent en Occident le subissent également.

Dans certaines situations, ce choc culturel se traduit par des sentiments anti-occidentaux et des points de vue plus extrémistes. Les gens peuvent commencer à douter de leurs croyances libérales antérieures après avoir vécu les problèmes en Occident de première main. En revanche, un musulman entrant dans le monde musulman peut en savoir peu de choses au préalable. Ce phénomène n'est pas exclusif aux musulmans ; certains transfuges soviétiques en ont fait l'expérience.

Alternativement, les musulmans issus de milieux plus conservateurs peuvent avoir du mal à comprendre la culture occidentale et à conserver leurs croyances traditionnelles pour ces raisons ou d'autres. De nombreux musulmans pakistanais traditionnels âgés fréquentent les mosquées britanniques. Ils sont confus par leurs expériences et s'accrochent aux choses familières de leur nouvel environnement, n'ayant jamais appris plus que quelques mots d'anglais. Il est peu probable qu'une personne qui vient d'apprendre à acheter un laissez-passer de bus remarque quoi que ce soit de particulièrement subtil dans son environnement. En raison des différentes lois sur l'immigration et de l'histoire, les musulmans d'Amérique sont souvent plus instruits que ceux d'Europe ; cependant, même un musulman américain instruit peut conserver des croyances traditionnelles.

Lorsqu'un Occidental se rend dans un pays musulman, l'intolérance l'emporte souvent sur la tolérance. Cette ignorance contribue à cette intolérance. Les musulmans peu familiers avec la culture occidentale peuvent être facilement étonnés de voir un jeune couple se tenir la main en public car ils interprètent la scène différemment d'un Occidental. À moins que la jeune femme ne soit une prostituée et que le jeune homme ne soit déterminé à exposer sa dépravation, une telle chose ne se produirait pas dans la majorité du monde musulman (bien que dans certaines parties du monde musulman, les couples qui se font la cour se tiennent parfois la main). D'un autre côté, les visiteurs occidentaux sont parfois choqués ou du moins surpris — de voir des hommes musulmans se tenir la main et supposent que cela dénote une relation amoureuse. Ce n'est pas le cas ; tout ce qu'il fait est de signifier l'amitié.

Par conséquent, l'intolérance peut répondre à ce que quelqu'un croit qu'il se passe plutôt qu'à ce qui se passe. Un musulman est également moins susceptible de dire : « Eh bien, c'est son affaire » lorsqu'il se trouve dans le monde musulman. En plus des différences culturelles, l'islam, en particulier l'islam moderne, met fortement l'accent sur la promotion de la vertu et le découragement du vice.

Les Occidentaux qui s'installent dans des pays musulmans comprennent généralement comment agir en public d'une manière qui n'incite pas assez rapidement à la haine. Même les maris et les femmes ne se tiennent pas la main en public si c'est la coutume là où ils vivent, et les couples non mariés se font passer pour des mariés ou des frères et sœurs. Bien que la « sœur » du jeune homme puisse croire qu'il n'est pas son frère, les voisins garderont généralement leurs soupçons pour eux et montreront moins de désapprobation qu'ils ne le feraient si la jeune femme affichait, à leur avis, son immoralité.

De même, les musulmans habitués aux traditions occidentales peuvent en venir à juger les Occidentaux différemment. Cela ne fonctionne pas toujours. Une fois, j'ai présenté deux professeurs américains invités, un homme et l'autre femme, qui n'étaient pas impliqués dans une relation amoureuse, à un ami âgé et réputé au Soudan. Est-elle sa partenaire, a poliment demandé mon ami après leur départ, alors qu'il luttait pour trouver la phrase parfaite ? Les musulmans moins honorables qui croient comprendre les conventions occidentales supposent parfois que les femmes occidentales sont disposées à s'engager dans une activité sexuelle avec quiconque les approche poliment. Cependant, de nombreux musulmans sont parfaitement conscients des traditions occidentales, même s'ils ne voudraient pas que leurs enfants se comportent de la même manière que leurs amis occidentaux.

Généralement, ce qui offense le plus les musulmans, c'est ce qu'ils perçoivent comme de l'immoralité. Concernant la politique et la religion, les musulmans font souvent preuve de moins de tolérance que les Occidentaux. Comme nous l'avons vu, il n'est presque jamais approprié pour un non-musulman de critiquer l'islam, et être athée en Occident est tout aussi offensant qu'être athée ailleurs.

Bien qu'il existe de nombreux types de musulmans, les principales différences se situent entre les musulmans traditionnels et modernes et entre les dévots et les moins dévots. Les musulmans eux-mêmes font souvent la distinction entre les pieux et les moins pieux. La plupart des chercheurs qui étudient l'islam — pas même tous — font la distinction entre les musulmans traditionnels et modernes. La plupart des musulmans, cependant, comprendraient ce qui était dit si cela leur était transmis. Cependant, les musulmans peuvent ne pas accepter la distinction parce qu'ils veulent croire qu'il n'y a qu'une seule forme réelle d'islam, et non plusieurs.

De nombreux chrétiens occidentaux comprennent le christianisme comme une source importante de vérité sur la vie, mais comme une source parmi d'autres, sujette à des considérations extérieures à la Bible. Ces vues des textes sacrés comme contenant principalement la vérité symbolique et des principes de la religion comme développements historiques sont courantes en Occident. Étant donné que ces points de vue sont à peine connus dans le monde musulman, pratiquement tous les musulmans doivent choisir entre l'agnosticisme et croire que le Coran est infaillible, tout comme certains chrétiens américains le font avec la Bible.

Ainsi, les musulmans peuvent être représentés par une rose des vents sur un graphique à deux axes. La religion se mesure selon un axe, du pieu au non religieux (disons, entre le Nord et le Sud). L'impact de la modernité sur la religion telle qu'elle a évolué au cours de l'histoire se mesure selon l'autre axe (disons entre l'Orient et l'Occident). Elle va du traditionnel au moderne, voire au postmoderne. Les soufis sont pour la plupart des musulmans orthodoxes et pieux ; les musulmans postmodernes sont assez rares. Les personnes modernes et dévouées sont généralement appelées « fondamentalistes ». Au-delà de cela, il est impossible de tracer avec précision de grands groupes (par opposition aux individus) sur une seule zone de graphique.

Partie 4 -
LA VISION MUSULMANE DU MONDE

"La crainte était associée à la déception, la modestie à la privation, et les opportunités sont passées à travers les nuages, donc elles ont été exploitées."

Imam Ali

Chapitre 13 -
Dieu Et La Création

Dieu est le commencement et la fin de l'Islam. Allah est le nom donné à Dieu, et c'est aussi le nom donné à Dieu par les Arabes et même les chrétiens maltais. Le Coran rend tout à fait évident qu'Allah que j'appellerai « Dieu » à partir de maintenant est le même que celui qui est vénéré par les Juifs et les Chrétiens, qui a créé Adam, sauvé Noé du déluge, conduit Moïse hors d'Égypte, et ainsi de suite. Alors que certains juifs et chrétiens peuvent être en désaccord sur le fait qu'ils adorent le même Dieu que les musulmans, tous les musulmans conviennent qu'ils le font. Cependant, les musulmans ne soutiennent pas les chrétiens qui adorent également Jésus, car ils considèrent cela comme une sorte de polythéisme.

De plus, le mot arabe ilah, que les occidentaux utiliseraient pour désigner « les dieux des Romains », signifie aussi « dieu » avec un petit g. La phrase « Il n'y a pas d'autre ilah qu'Allah », la ilah il'Allah, est l'un des plus significatifs et fréquemment récités de l'islam. C'est la première des deux choses que tous les musulmans sont censés croire la première composante du témoignage de foi et c'est une référence au premier des dix commandements. Tous les musulmans tiennent fermement à cette croyance. S'ils ne le faisaient pas, ils deviendraient soit polythéistes, soit athées.

Le fait que Dieu soit un est l'aspect le plus significatif de lui. Dis [O Muhammad] : lui, Dieu, est un. C'est ainsi que commence l'un des chapitres les plus connus du Coran. 1 Ce point est ensuite rapidement développé : « [il] n'a pas engendré et n'a pas été engendré », ce qui est à la fois une contradiction de la compréhension chrétienne de Jésus (bien qu'exprimée en des termes que peu de chrétiens utiliseraient eux-mêmes) et une déclaration d'un autre aspect crucial de Dieu qu'il est éternel et le Créateur plutôt que le Créateur qui a été créé qu'il n'a pas été engendré.

En anglais, Dieu est parfois évoqué par un titre comme « le Créateur » ou « le Juge ». De nombreux autres attributs sont employés pour définir Dieu dans l'Islam. Il est aussi généreux, donneur de vie, roi et délicieux, ainsi que créateur et juge. Une liste des quatre-vingt-dix-neuf « noms » de Dieu a été créée en compilant les adjectifs les plus significatifs utilisés pour le décrire dans le Coran. Plus de gens utilisent certains d'entre eux que d'autres. Toute déclaration arabe qui utilise le terme « le miséricordieux » ne peut se référer qu'à Dieu ; néanmoins, utiliser le terme « le délicieux » ne serait pas clair.

Une autre expression importante et fréquemment utilisée est « au nom de Dieu le miséricordieux, le compatissant », qui met l'accent sur la miséricorde de Dieu. Les musulmans dévots commencent pratiquement chaque mot et chaque acte par cette phrase, qui apparaît au début de chaque chapitre du Coran. L'expression est utilisée plus fréquemment par les musulmans qui sont plus pieux. Annoncer : « Au nom de Dieu, le miséricordieux, le miséricordieux : le bus va maintenant s'arrêter pendant vingt minutes » n'est pas rare.

De nombreux oulémas disent qu'il n'y a qu'une seule circonstance dans laquelle la parole de miséricorde est appropriée : lorsque l'action qui va bientôt commencer comprend la mise à mort, comme lorsqu'un animal est abattu. Puis vient une autre phrase. Certains musulmans peuvent secrètement douter de la bonté de Dieu dans les moments difficiles de leur vie, mais s'ils sont fidèles, ils feront tout leur possible pour abandonner de telles pensées.
Par conséquent, Dieu est unique et miséricordieux. Le troisième attribut le plus significatif de Dieu est qu'il est grand (ou, plus précisément, « incomparablement et singulièrement Grand »), selon les termes les plus utilisés par les musulmans. « Allahou akbar » est une phrase fréquemment prononcée. D'une certaine manière, la majesté de Dieu équilibre sa miséricorde.

La prière islamique la plus populaire, la « Fatiha », qui s'apparente à la prière du Seigneur dans le christianisme (et au premier chapitre du Coran), met l'accent sur une facette de la magnificence de Dieu juste après la miséricorde de Dieu : Dieu est aussi « Maître du jour de Jugement. »

Un autre effet significatif de la majesté de Dieu est que rien ne se produit en dehors de sa volonté ou, à tout le moins, de son consentement. Les musulmans et autres monothéistes sont instantanément confrontés à la question du bien et du mal. Comment peut-il y avoir tant de mal et de souffrance dans le monde si Dieu est omniscient et miséricordieux ? Peu de choses distinguent la réponse musulmane typique à cette question de celle d'autres monothéistes : la douleur est un test.

Aucun musulman sincère ne pourrait jamais considérer que quoi que ce soit se produise sans l'intervention de Dieu. De nombreux musulmans, en particulier les musulmans traditionnels et pieux, croient que Dieu est impliqué dans tout. Un fruit délicieux est une manifestation de la bonté de Dieu, et un tremblement de terre est une indication du mécontentement de Dieu. Néanmoins, un géologue musulman percevra inévitablement Dieu comme impliqué plus loin ; cependant, connaître la tectonique des plaques peut signifier que Dieu est perçu comme la cause ultime plutôt que la cause immédiate. En fait, il y a des cas où Dieu peut diminuer au point où il n'est plus qu'une cause ultime lointaine, mais c'est exceptionnel.

Les musulmans pieux mettent l'accent sur la présence de Dieu dans tout ce qui se passe d'une manière qui peut sembler inhabituelle aux Occidentaux. J'ai pris un taxi au Caire le matin où j'ai écrit ce chapitre. Le chauffeur de taxi et moi n'avions pas de monnaie pour le moindre dollar que j'avais dans mon portefeuille lorsque nous sommes arrivés à notre emplacement. Un passant a changé l'addition après avoir été pressé par le chauffeur de taxi. « Louange et gratitude à Dieu, car il nous a amenés, quelqu'un, pour alléger notre fardeau », a déclaré le chauffeur de taxi alors que je sortais. Le chauffeur ne disait pas que Dieu s'était intéressé à notre petit problème et avait accompli un miracle uniquement pour nous. Il a simplement déclaré que Dieu est tout-puissant, que sa miséricorde s'étend à tout être vivant et que ces faits méritent louanges et gratitude.

En prononçant la phrase in sha Allah « si Dieu le veut », tous les musulmans, à l'exception des moins dévoués, se rappellent continuellement à eux-mêmes et à tous les autres l'importance de la permission de Dieu. La Sunna dicte qu'aucune remarque concernant l'avenir ne doit être faite sans ce qualificatif ; le supprimer lorsqu'on parle dans une langue musulmane suggère un déni de la nécessité de l'approbation de Dieu.

« Au nom de Dieu le miséricordieux, le miséricordieux : le bus va maintenant s'arrêter pour vingt minutes, in sha Allah » serait ainsi toute la forme de l'énoncé concernant le bus (car annoncer un arrêt de vingt minutes implique que dans vingt minutes, le bus repartira).

Dans certains sens, le terme sha Allah dans les langues musulmanes n'est qu'une partie du futur, mais c'est plus que cela. Un musulman sincère répondra fréquemment en arabe en disant Bi izni'Llah, qui signifie « avec la permission de Dieu », en réponse à la remarque ajoutée in sha Allah. Rien d'exceptionnel dans une interaction comme celle-ci.

« Oh non ! Je suis en retard. Si Dieu le veut, j'aurais un taxi. "Avec l'approbation de Dieu. N'oubliez pas d'apporter votre manteau.

Parfois, les musulmans pieux qui parlent anglais terminent une phrase en anglais par la phrase arabe in sha Allah. Ils pourraient également l'éviter en reformulant une déclaration telle que « j'ai l'intention de prendre un taxi », qui est une déclaration sur le présent et ne nécessite pas de cavalier.

L'expression « in sha Allah » provoque d'innombrables malentendus entre musulmans et Occidentaux qui vivent dans des pays musulmans car les Occidentaux trouvent extrêmement difficile d'éviter de l'interpréter comme « je ne sais pas ».

4 Les Occidentaux supposent parfois que lorsqu'un musulman leur dit au téléphone : « Désolé, ce n'est pas prêt aujourd'hui, mais ce sera prêt demain, in sha Allah », on leur dit qu'il ne sera probablement pas prêt demain, soit. La phrase ne veut pas du tout dire ça.

C'est simplement une reconnaissance de l'omnipotence de Dieu.

Tout ce qui arrive est le résultat de la permission de Dieu ; par conséquent, tout ce qui arrive est le résultat de la volonté de Dieu et doit être considéré comme tel, même le malheur. Se plaindre de la malchance, c'est défier Dieu. La bonne façon de gérer l'adversité est de chercher les leçons qu'elle contient. Tout ce qui arrive, même le décès d'un proche, doit, par définition, être pour le mieux. Même si cela peut être difficile, on devrait finalement être capable d'exprimer sa gratitude à Dieu pour tout ce qui se passe.

L'accent est mis sur la fortune plutôt que sur le malheur, Dieu en tant que Créateur et Fournisseur. Le malheur arrive avec l'approbation de Dieu. Les musulmans rendent grâce à Dieu beaucoup plus fréquemment pour les bonnes choses que pour les choses désagréables, y compris la nourriture, son goût et sa diversité, la beauté humaine et naturelle et la perfection globale de sa création. Chaque aspect de la création a une raison d'exister. Il est fréquemment affirmé que seuls les individus les plus obstinés ou aveugles pourraient considérer les myriades de merveilles de la création sans reconnaître la main du Créateur à l'œuvre.

Aucun musulman ne considérera jamais quoi que ce soit comme égal à Dieu. Étant donné que le culte des idoles n'a pas été pratiqué dans le monde musulman depuis que le Prophète a capturé La Mecque, on peut s'attendre à ce que cela ne suscite aucune controverse. Cependant, il existe différentes manières de s'écarter de la compréhension correcte de Dieu. L'une est de penser que les gens peuvent faire n'importe quoi indépendamment sans son approbation, même si tous les musulmans conviennent que les gens doivent essayer. On dit souvent qu'une fois que le pêcheur a jeté sa ligne dans l'eau avec l'appât approprié, Dieu décidera s'il attrapera ou non du poisson.

Une autre déviation consiste à accorder aux humains des capacités divines. Les musulmans modernes et les wahhabites, qui considèrent que le respect des soufis pour leurs cheikhs ou gourous spirituels est immoral puisqu'il les élève au-dessus du niveau des autres humains, soulignent ce risque en particulier. Les musulmans traditionnels sont moins concernés parce qu'ils prétendent que tout le monde comprend qu'un Cheikh est juste une personne ordinaire comme tout le monde et que ce qui le rend spécial est la faveur de Dieu.

Mahomet étant le prophète de Dieu est le deuxième point que tous les musulmans doivent accepter comme vrai. Après la déclaration « Il n'y a de dieu que Dieu », voici la deuxième partie de la déclaration de foi. Tous les musulmans s'accordent à dire que Muhammad était le dernier prophète de Dieu et qu'il n'était qu'un humain ; ils ne sont cependant pas d'accord sur les spécificités de l'humanité de Muhammad. De nombreux soufis croient que le Prophète a été fait de lumière pure par Dieu et que cette lumière — la première chose que Dieu a créée — demeure aujourd'hui. De telles idées ne sont guère moins que de l'idolâtrie aux yeux des musulmans et des wahhabites contemporains. Les gardiens wahhabites de la tombe du Prophète, choisis par le gouvernement saoudien, et des pèlerins musulmans plus traditionnels s'engagent dans un conflit en cours.

Les visiteurs désirent toucher la tombe de la personne qui était et est la plus proche de Dieu que tout autre être humain et se tenir devant la tombe et y adorer. Les gardiens wahhabites utilisent des matraques pour empêcher que cela se produise. Ils voient cette tombe comme une autre tombe humaine et doivent protéger les innocents de toute action qui pourrait impliquer le contraire.

Les musulmans sunnites traditionnels et les musulmans chiites voient le Prophète de la même manière, mais les musulmans chiites tiennent également Ali, Hussein et d'autres imams à peu près dans le même sens. Encore une fois, les wahhabites considèrent cela comme un acte d'idolâtrie et, par conséquent, la minorité chiite en Arabie saoudite subit diverses sortes de persécutions.

Tous les musulmans croient en un Dieu grand, miséricordieux et unique. Même si les gens ne pensent pas beaucoup à Dieu dans leur vie quotidienne, c'est ainsi qu'ils penseront à lui s'ils le font.

Chapitre 14 -
Anges, Djinns Et Forces Invisibles

Dieu a créé toutes choses sur la terre. Les anges et les djinns sont deux autres catégories d'êtres qu'il a également inventées. Bien que les anges soient plus purs que les humains, ils manquent de libre arbitre et ne peuvent pas porter de jugements moraux. Ils sont meilleurs que les gens en ce sens qu'ils sont toujours bons mais pires que les gens parce qu'ils ne peuvent pas sélectionner le bien, ce qui est important. Comme les humains, Jinn a le libre arbitre. Pour cette raison, il existe de bons et de mauvais djinns, ainsi que des djinns musulmans et chrétiens. En fin de compte, Jinn est une race plus faible que les humains. S'il y avait le moindre doute, le fait que Mahomet était un humain et non un djinn est une preuve suffisante.

Même s'ils ne sont pas tout à fait de cette terre, les anges et les djinns sont aussi réels pour la plupart des musulmans fidèles que les gens. Seules les personnes les plus pieuses accordent beaucoup d'attention ou de réflexion aux anges. En revanche, les djinns occupent une place importante et largement redoutée dans la vision du monde de la plupart des musulmans. Cependant, ils interfèrent parfois avec les affaires humaines, par exemple, dans des manifestations que les occidentaux identifieraient comme des poltergeists. Ils restent généralement seuls. Il existe également des récits de rapports sexuels entre humains et djinns.

Bien qu'il existe de gentils djinns musulmans, en théorie, les individus rencontrent surtout de mauvais djinns dans la pratique. Tout le monde a entendu des histoires de personnes persécutées et possédées par des djinns maléfiques, qui sont ensuite généralement exorcisés de la personne à qui ils faisaient du mal lors des cérémonies coraniques. Chaque village a des experts bannissant les djinns, pour la plupart des amateurs doués, mais parfois des oulémas. Quelques musulmans élevés dans la culture occidentale contemporaine pensent que les références aux anges et aux djinns dans le Coran doivent être interprétées symboliquement plutôt que littéralement. Cependant, même ces musulmans ne se sont jamais complètement débarrassés de leur peur des djinns. Les Iraniens avec des niveaux d'éducation plus élevés sont une exception frappante à la tendance générale en ce qui concerne leur attention aux djinns.

Satan est le non-humain le plus important. Satan a défié Dieu et, comme le soutiennent également d'autres monothéistes, il a été maudit et banni dans les ténèbres. Bien qu'en surface, Satan ressemble à un ange déchu, la plupart soutiennent qu'il est un djinn, pas un ange, parce que les djinns ne peuvent pas choisir le bien ou le mal et ne peuvent donc pas désobéir à Dieu, et parce qu'il est fait de feu, alors que les anges sont faits de la lumière. En tout cas, Satan, l'adversaire de la justice et le tentateur de l'humanité, occupe une place de choix dans l'esprit des musulmans pieux. La tentation peut souvent être comprise dans des termes très spécifiques à l'individu : 'Dans ce cas, Satan m'a chuchoté à l'oreille, pourquoi ne devrais-je pas boire un seul verre de bière ? Il n'est pas nécessaire que Satan perde son temps à fréquenter un bar ou un bordel, croit-on souvent, et il est plus susceptible d'être vu attendre à l'extérieur d'une mosquée.

Pour soutenir cela, les musulmans plus pieux sont plus conscients de Satan que les musulmans moins pieux, tandis que les musulmans qui n'observent pas l'islam ne pensent pas du tout à Satan. Il y a des forces invisibles ainsi que des êtres invisibles. La grâce divine, ou baraka, est la plus importante d'entre elles. Baraka offre un soutien spirituel et matériel ; par exemple, il favorise le bien-être et la prospérité. C'est un pouvoir intangible pour le bien qui peut provenir de Dieu directement ou par une autre personne.

En comparaison, un burger d'un fast-food a moins de baraka, et un burger acheté avec l'argent du crime n'a pas de baraka du tout. La nourriture préparée avec amour est censée transmettre la baraka à la personne qui la consomme. Une bonne action accorde la baraka à l'interprète, et on peut acquérir la baraka en rendant visite aux justes. Même les musulmans qui ne sont que peu pratiquants sont conscients de la baraka, bien que les musulmans les plus fervents s'en préoccupent davantage que les musulmans les moins fervents.

L'envie, ou hassad, souvent appelé « le mauvais œil » en anglais, est un deuxième pouvoir invisible qui est, à certains égards, l'antithèse de la baraka. Hassad favorise la maladie et la malchance, tandis que la baraka favorise le bien-être et la richesse. Hassad a une origine humaine ; cela se produit lorsque quelqu'un regarde avec jalousie quelque chose ou quelqu'un, peut-être même un bébé, et le gâte. Lorsque la nourriture est préparée avec amour pour une autre personne, mais juste avant que l'autre personne ne soit sur le point de la consommer, un étranger passe et regarde avec envie le repas, la nourriture perd sa baraka.

Une approche pratique pour éviter que cela ne se produise, en particulier chez les Arabes, consiste à donner de la nourriture à un étranger dès que vous le voyez le regarder. L'étranger le prendra alors ou, plus probablement, refusera poliment. L'étranger ne peut plus guère être envieux du repas dans l'un ou l'autre scénario.

Les musulmans traditionnels prennent hassad très au sérieux, qu'ils soient pieux ou non. Il y a toutes sortes de mots et de choses utilisés pour repousser l'envie. Dans de nombreuses villes musulmanes, les hommes pauvres à la recherche de pourboires sont plus susceptibles d'avoir des brûleurs d'encens fragiles que des matériaux pour nettoyer les pare-brises, car certains types d'encens sont généralement considérés comme assez efficaces. Dans l'Orient arabe, les objets de couleur bleue sont fréquemment utilisés pour parer à l'envie.

La « main de Fatima », une main à cinq doigts, est également assez connue ; cependant, au Pakistan, il désigne le chiisme et a une signification complètement différente. Tout en reconnaissant la réalité du hassad et ses capacités de destruction, les musulmans modernes, wahhabites et de nombreux musulmans chiites considèrent souvent bon nombre de ces mesures comme des Bida. Même si certains musulmans plus instruits considèrent ces garanties comme superstitieuses, ils les emploient parfois.

D'autres tactiques préventives contre hassad incluent :

- Cacher tout ce qui pourrait éveiller la jalousie.

- Le mettre en vente.

- Le donner, comme avec de la nourriture qu'un étranger observe.

Dans certaines régions à majorité musulmane, si vous admirez quelque chose, vous pourriez le recevoir en cadeau. Même si l'offre est sincère, il est généralement prévu qu'elle ne sera pas acceptée. Lorsqu'un vieux véhicule porte un panneau « à vendre », le propriétaire peut vraiment être intéressé à le vendre ou peut simplement utiliser le panneau pour repousser la jalousie (ayant décidé que le hassad est la raison pour laquelle la voiture tombe en panne). On dit que certaines personnes peuvent particulièrement tourmenter les autres avec leur jalousie. Certains musulmans racontent l'histoire d'un fermier qui, lors d'une dispute avec son voisin, demanda à un homme comme celui-ci de l'accompagner sur une colline et de ruiner les récoltes de son voisin. Où sont ses champs ? L'homme demande. Le fermier répond, pointant au loin, « Juste là-bas. » À l'horreur du fermier, l'homme répond : « Ah, que tu as de bons yeux. »

La magie est un autre moyen d'infliger des dommages à un adversaire. Les musulmans traditionnels et de nombreux musulmans contemporains prennent la magie très au sérieux. La magie est référencée dans le Coran, et puisque Jinn l'est, elle doit exister. Il est totalement interdit d'utiliser la magie, tout comme la destruction intentionnelle. Cependant, les musulmans traditionnels moins pieux utilisent fréquemment des sorts. Les sorts sont principalement utilisés par les femmes, en particulier dans les troubles romantiques, que ce soit pour blesser un rival ou gagner un homme. Certaines nations, en particulier celles d'Afrique et d'Indonésie, sont bien connues pour la magie qui y est pratiquée.

Chapitre 15 -
Saints Et Miracles

Certaines personnes sont particulièrement connues pour leur hassad, tout comme certaines personnes sont particulièrement connues pour leur baraka. Ces individus, qui seront appelés « saints » dans ce livre et qui sont liés aux miracles, le mot arabe wali, qui désigne ici une personne proche de Dieu, est utilisé pour désigner une personne particulièrement proche de quelqu'un. Puisque les saints sont mentionnés dans le Coran, tous les types de musulmans reconnaissent leur existence. Les musulmans modernes et wahhabites font souvent très attention aux saints parce qu'ils craignent que leur révérence ne se transforme en culte des saints, qu'ils considèrent comme une forme risquée d'idolâtrie.

Comme la plupart des Occidentaux modernes, les musulmans moins dévots accordent aujourd'hui peu d'attention aux saints. Cependant, toutes les formes de musulmans traditionnels sont bien conscientes de l'existence et de la signification des saints. Les saints jouent un rôle important dans la plupart des visions du monde de ces musulmans.

L'islam n'a pas de mécanisme structuré pour canoniser les saints. Sainte est une désignation plutôt qu'un titre. Beaucoup de saints ne sont jamais reconnus comme tels par qui que ce soit, ou peut-être juste par un petit nombre d'autres saints (les saints sont mieux équipés pour reconnaître l'un des leurs). D'autres personnes peuvent identifier les saints par leurs miracles ou en sentant leur baraka.

Les saints sont créés par Dieu, pas par les humains, mais théoriquement, Dieu pourrait faire de n'importe qui un saint. Les gens les plus pieux et les plus saints deviennent généralement des saints ; cependant, les musulmans traditionnels considèrent fréquemment les personnes qui sembleraient simples d'esprit ou folles à un Occidental (ou même à de nombreux médecins musulmans) comme des saints. Il y a un homme dans un village de Haute-Égypte qui ne parle jamais et ne s'habille jamais, ce qui est une grave violation de la charia, qui est rigoureuse sur la nudité humaine. Cependant, parce que les gens le considèrent comme un saint, ils lui permettent de faire le tour du village à son aise et lui témoignent beaucoup de respect. Même le bus du village est décoré de sa photo, ou au moins une de sa tête et du haut de son torse.

Outre les plus dévots, la deuxième catégorie de saints qui peut sembler étrange aux Occidentaux est celle des saints héréditaires. Les musulmans traditionnels beaucoup moins éduqués croient que la baraka est transmise de père en fils, même s'il y a peu de soutien à cela dans le Coran ou les hadiths. En raison de leur lointaine ascendance, les descendants des saints sont souvent traités avec le plus grand respect.

La progéniture du Prophète, également connue sous le nom de sayyids ou sharifs, fait l'objet d'une grande déférence. Le nombre de musulmans qui sont, ou qui croient être, liés au Prophète doit être d'au moins un million à ce stade. Des sayyides extrêmement pieux et moins pieux sont venus à ma connaissance. Les Sayyids étaient devenus une noblesse héréditaire puissante, aisée et très respectée dans plusieurs régions musulmanes au XIXe siècle.

La plupart des gens considèrent les grands Shaykh soufis comme des saints. Tout Shaykh soufi qui n'était pas un saint a peu de chances d'être considéré comme un Shaykh particulièrement grand. Ces saints accomplissent fréquemment de petits miracles, comme apparaître dans les rêves de leurs disciples ou sentir quand quelqu'un leur ment. Un miracle de la forme se produit lorsque la ligne d'action suggérée par un saint réussit et lorsque le plan d'action conseillée par un saint échoue. D'autres miracles sont plus dramatiques ; ceux-ci incluent la capacité d'être à deux endroits à la fois, la capacité de guérir les maladies humaines et animales, et même (bien que ce soit inhabituel) la capacité de ressusciter les morts.

Les soufis et autres musulmans traditionnels soulignent que Dieu, et non le saint, est la source de ces merveilles. Ils distinguent trois miracles différents. Les plus grands miracles sont souvent tenus pour acquis par le public, comme la magnificence de la lune ou le lever du soleil chaque matin. De tels miracles sont considérés comme des « signes » de Dieu par les pieux, qui les perçoivent comme une preuve de sa grandeur, de sa puissance et de sa beauté. Ensuite, il y a les miracles que Dieu fait pour les prophètes pour montrer qu'ils remplissent leur rôle de prophètes. L'exemple classique est lorsque Moïse a transformé un bâton en serpent devant Pharaon. Enfin, il y a les miracles que Dieu fait pour les saints, dont j'ai parlé. Ces miracles sont considérés comme Dieu se déversant dans le monde.

Ainsi, les saints n'accomplissent pas leurs miracles et ne possèdent aucune capacité spéciale. En réalité, cependant, les saints reçoivent fréquemment des capacités surnaturelles, implicitement ou purement et simplement. Étant donné que la baraka reste avec un saint après la mort, de tels pouvoirs peuvent également être attribués à des lieux saints, généralement leurs tombes. Parce qu'il se transforme si rapidement en ce qu'ils considèrent comme une sorte de culte, les musulmans contemporains et wahhabites s'opposent farouchement à la compréhension traditionnelle de la sainteté.

Les wahhabites et les musulmans contemporains s'accordent à dire que la baraka existe et peut, par exemple, être atteinte par de bonnes actions. Ils désapprouvent la visite de tombes et de personnes vivantes pour leur baraka et considèrent les supposés miracles des saints comme des fabrications. Les musulmans chiites cherchent la baraka en visitant leurs imams infaillibles plutôt que les tombes des saints.

Chapitre 16 -
Naissance, Mort, Destin Et Jugement

La subsistance de l'esprit humain, alors qu'il est exilé dans le monde créé, est assurée par la baraka. L'âme humaine immortelle est transférée dans un fœtus quatre mois après la conception, rejoignant le monde créé. Puisque l'âme est éternelle et est née en dehors de la création, elle s'est souvenue de Dieu lorsqu'elle est entrée dans la création. Ce n'est que bien plus tard que la création s'interpose entre elle et Dieu, obscurcissant Dieu et permettant l'ignorance, l'erreur et le mal. Selon un récit plus lyrique, un ange avertirait soi-disant un bébé de conserver sa connaissance des secrets en plaçant son doigt sur ses lèvres peu de temps après la naissance. Le bébé finit par les oublier après cela. Certains Juifs utilisent le même conte pour illustrer un point similaire.

Vivre dans la justice est le seul moyen d'adorer Dieu et d' accomplir le but de la vie sur terre. Vivre correctement signifie exécuter ce que Dieu ordonne, ce qui est la même chose que ce que l'islam prétend qu'il ordonne : obéir à la charia. Les autres religions ne sont pas des sources fiables de conseils. L'obligation la plus cruciale que Dieu nous impose est de l'adorer, et Dieu n'a pas besoin de notre adoration ; nous devons adorer Dieu parce qu'il nous l'a ordonné et parce que c'est sain pour nous. Nous sommes censés accomplir certains actes spécifiques dans notre vie quotidienne en plus du culte, comme l'indique une fois de plus la charia.

Vivre juste demande une routine quotidienne raisonnablement rigoureuse qui comprend faire et ne pas faire certaines choses. Par conséquent, nous ne devons pas négliger Dieu ou nous désengager de lui. Nous devons nous abstenir de meurtre, de fornication, de vol et de boisson. Toutes les religions monothéistes ont une liste similaire de comportements interdits ; cependant, l'islam a une longue liste de comportements nécessaires que le christianisme et une liste plus courte que le judaïsme orthodoxe.

Comme je l'ai déjà dit, la charia ne se contente pas de traduire les directives de Dieu en termes d'obligations et d'interdits. Makruh et Sunna sont d'autres catégories intermédiaires. Une plus grande considération est accordée à ces groupes intermédiaires par les musulmans plus pieux. Les musulmans fervents adhèrent généralement à ce que l'on appelle «la voie de la précaution», bien qu'il ne soit pas toujours clair quels comportements correspondent à quelles catégories. Il est plus sûr de supposer que quelque chose est interdit s'il a le potentiel d'être Makruh ou interdit. Parfois, des musulmans moins pieux choisissent la stratégie inverse. Ceci, qui ne passe par aucun terme reconnu, souhaite qu'un comportement que beaucoup considèrent comme illégal ne soit vraiment que du makruh.

Les musulmans traditionnels, en particulier les soufis, ont une compréhension légèrement différente de l'obligation de respecter la charia concernant l'ego ou la nef . Un être humain est composé de cinq parties : le corps, l'esprit, l'âme et l'ego. Le cœur est le siège des émotions et un organe physique. Seule l'âme est éternelle parmi ceux-ci ; l'ego, ainsi que le corps, l'esprit et le cœur, périssent à la mort. L'ego est le moi inférieur, même s'il a une conscience qui peut être altérée.

C'est le lieu des passions et le germe des désirs. Un animal à l'état sauvage est un pur ego ; il exprime immédiatement toute passion ou tout désir. Alors qu'un bébé contrôle également son ego, les adultes doivent travailler dur pour le faire. L'importance de ce conflit est soulignée en s'y référant comme le plus important des deux Jihads. Le Jihad que nous menons contre notre ego est le plus grand ; le Jihad mené sur le champ de bataille est le moindre.

Directement et indirectement, Dieu nous aidera dans notre combat pour maîtriser notre ego. Directement, à travers la baraka ou occasionnellement une intervention plus directe de nature surnaturelle, et indirectement, à travers la charia. Une grande partie de la charia, y compris la demande d'adoration, est considérée comme une instruction au contrôle de l'ego. Un musulman en formation, jeûne et, même s'il ne jeûne pas, s'arrête toujours et dit « au nom de Dieu, le miséricordieux, le compatissant », avant de manger. Le bébé attrape la nourriture qui se trouve à proximité sans hésiter. L' esprit, pas l'ego, est responsable de ce qui est mangé.

Un ego non maîtrisé complique Trouver Dieu (ou, techniquement, être trouvé par Dieu). Être esclave de ses désirs abaisse une personne au niveau d'un animal et la rapproche de la compréhension du divin et de la réception de l'aide de Dieu.

Les soufis pensent souvent en des termes similaires, mais pour tous les musulmans sincères, la principale justification de l'adhésion à la charia est le mandat de Dieu de le faire. Les musulmans sunnites sont censés obéir plutôt que comprendre. Les musulmans chiites sont également tenus de comprendre, mais en fin de compte, ils doivent obéir, quelle que soit leur compréhension. Nous ne pouvons pas manger de porc parce que Dieu l'interdit. On enseigne aux chrétiens que l'esprit de la loi, et non le texte, compte. Les musulmans apprennent que si la lettre de la loi doit toujours être respectée en soi, l'esprit de la loi est ce qui compte.

Avant la réfrigération, certains Occidentaux disaient qu'il était logique de rester à l'écart du cochon dans les zones chaudes, mais ce n'est plus vrai maintenant. Presque tous les musulmans considèrent que cet argument n'a pas de sens. Dieu aurait précisé s'il avait voulu que nous consommions du porc dans des climats froids ou avec une réfrigération. Il ne l'a pas fait, donc c'est réglé. Les porcs sont sales, ce qui est une remarque intéressante. Ils n'étaient pas faits pour être de la nourriture ; ils ont été faits pour être des charognards.

Les musulmans n'ont pas été choqués d'apprendre que les porcs étaient impliqués dans la propagation du SRAS et de la grippe aux humains, mais ce ne sont pas des problèmes fondamentaux.

Cependant, puisque nous avons le libre arbitre, nous pouvons décider de ne pas vivre correctement. Mais Dieu est grand en ce que rien ne se produit sans son consentement, y compris nos mauvaises décisions. En réalité, Dieu a toujours su ce que nous ferons et ne ferons pas. Il est précisé que cette connaissance est « écrite » sur une « tablette secrète ». La combinaison de ces deux découvertes soulève le problème bien connu de la prédestination : comment pouvons-nous avoir le libre arbitre si Dieu sait comment nous agissons et si nous ne pouvons agir qu'avec sa permission ? Comment Dieu peut-il nous punir pour quelque chose qui n'est pas de notre faute si nous sommes voués au mal ? Il y a eu de nombreuses tentatives pour résoudre ce dilemme apparent, que ni le Coran ni le Prophète n'ont explicitement abordé dans le hadith. La réponse la plus largement acceptée est que nous adoptons ou entreprenons consciemment des activités qui nous étaient prédestinées. Ce compromis ne satisfait pas tous les musulmans. En réalité, la prédestination est moins importante que le libre arbitre.

Enfin, nous mourons à l'heure fixée qui a été enregistrée sur la tablette cachée et connue de Dieu avant le jour de notre naissance. L'euthanasie ou l'automutilation ne sont même pas envisagées puisqu'il est strictement interdit de se presser à cette heure. Endormir un animal souffrant et mourant n'est pas un acte de miséricorde ; au contraire, cela enfreint la volonté de Dieu. En effet, l'interdiction de l'euthanasie s'étend également aux animaux. Encore plus inconcevable est de tuer une personne au nom de la miséricorde.

Nous attendons le jour du jugement après notre mort. Comme il y a un débat sur ce qui se passe pendant que nous attendons le Jour du Jugement, la plupart des musulmans soutiennent que nous connaîtrons un avant-goût de ce que sera notre destin en ce jour horrible pendant que nous serons dans la tombe. Après le jugement, les tourments en enfer n'existeront plus, seulement l'angoisse dans la tombe. Certains prétendent que si nous allons au paradis, nous ferons l'expérience de l'air frais par une fenêtre ouverte tout en restant dans la tombe.
La fin du monde et le jour du jugement auront lieu un jour que personne ne peut anticiper. Cela pourrait arriver aujourd'hui, demain ou dans mille ans ou plus. D'autres monothéistes connaîtront le schéma général des événements précédents - une guerre titanesque entre le bien et le mal, un malin et un Messie (le même mot est même utilisé). L'une des visions terrifiantes est qu'à la fin, il n'y aura plus rien avec quoi se battre, et les concurrents se battront avec des bâtons et des pierres.

Les musulmans et autres monothéistes, ainsi que les musulmans eux-mêmes, sont en désaccord sur certains des détails de ces événements. Par exemple, il n'est pas évident que tous les Juifs soutiendront ou non la partie musulmane. Le rôle que doit jouer le Mahdi, dont le nom signifie « celui qui est guidé », est l'une des différences entre la vision musulmane actuelle et celle à laquelle la plupart des lecteurs sont habitués. Avec l'aide du Messie, compris comme Jésus, le Mahdi prendra l'initiative dans la bataille contre le Malin. Le Mahdi, et non Jésus, joue le rôle principal.

Après la bataille entre le bien et le mal, le monde prendra fin et nous ferons face à un jugement final qui sera juste mais aussi miséricordieux. Étant donné qu'aucun de nous ne peut trouver le salut par nos seuls efforts, la gentillesse est nécessaire pour que chacun de nous soit sauvé. Ceux qui sont réputés être parmi les bons entreront au paradis, tandis que ceux qui sont réputés être parmi les méchants entreront en enfer. Il existe une controverse quant à savoir s'il existe une catégorie intermédiaire et si certaines personnes qui ont été condamnées à l'enfer — ou même toutes — pourraient éventuellement être autorisées à entrer au paradis.

Il n'est pas nécessaire d'expliquer le concept islamique de l'enfer comme un royaume de feu et de souffrance. La vision islamique du paradis est moins connue. Le Coran décrit le ciel comme un lieu avec des jardins et des ruisseaux froids habités par des justes et des houris, amantes séductrices et sensuelles, et avec du vin qui ne rend pas ivre. Pour ceux qui vivaient dans les déserts brûlants où le Coran a été révélé pour la première fois, la première partie de cette image était peut-être plus mémorable qu'elle ne l'est pour ceux qui vivent dans le nord de l'Amérique ou du nord de l'Europe. Le paradis peut être plus facilement envisagé en termes de plages dorées et de ciel clair pour ceux qui sont habitués à la pluie, à l'hiver et à l'obscurité.

De nombreux Occidentaux trouvent le concept d' houris scandaleuses, et ils peuvent également demander ce que font les femmes à la lumière de l'absence d'un homologue masculin houri (certains soutiennent qu'un tel équivalent doit exister, même s'il n'est peut-être pas sexuel, et d'autres soutiennent que les houris sont non spécifiques au genre). Cependant, boire du vin au paradis provoque généralement moins d'anxiété chez les Occidentaux. Le vin est interdit pour un musulman, tout comme les relations sensuelles. L'idée principale est qu'aucun effet négatif n'est associé à l'excès sur terre ; au lieu de cela, il y a tous les plaisirs possibles de la terre, mais en mieux.

Pour certains musulmans, les images mentionnées ci-dessus ne sont que cela : des images. D'autres les voient comme des descriptions littérales plutôt que visuelles, tout comme de nombreux chrétiens voient l'enfer comme composé de feu et d'agonie. Les wahhabites exigent que tout ce qui est dans le Coran soit pris au pied de la lettre, ou à tout le moins, tel qu'il aurait été compris par les premiers musulmans à qui il a été donné. Cela inclut la description du ciel et la référence occasionnelle au « trône » de Dieu. Les recherches ultérieures sont interdites.

Le conte suivant, bien connu des musulmans traditionnels, offre une représentation plus nuancée de l'enfer. Lorsqu'un saint rencontrait le calife, ce dernier s'enquérait de ses origines. De l'enfer, a rétorqué le saint. Le calife a demandé : que faisiez-vous là ? « Nous n'avons pas de feu ici. » J'ai demandé : Comment ça ?

L'enfer est un lieu de feu. Je vous le dis, répondit-il, il n'y a vraiment pas de feu ici. Les concepts de jugement, de paradis et d'enfer sont fréquemment discutés par les prédicateurs musulmans de tous bords et le sont ; de ce fait, des réalités bien présentes pour tous les musulmans sincères. Ils sont moins présents pour les moins pieux, tout comme ils le sont pour d'autres monothéistes moins pieux. Comme certains Occidentaux, certains musulmans envisagent périodiquement la possibilité que l'enfer existe, mais choisissent plutôt d'espérer qu'il n'en existe pas.

De nombreux musulmans traditionnels sont plus conscients que le jour du jugement pourrait arriver demain que d'autres monothéistes. Cela est dû en partie à la propension des prédicateurs à s'y focaliser et aux nombreuses références qui y sont faites tout au long du Coran. À une période donnée, une partie importante des musulmans est convaincue que les Derniers Jours sont arrivés et que le Mahdi est né et se cache quelque part jusqu'au moment approprié pour son apparition.

Les personnes prétendant être le Mahdi ont fréquemment attiré des partisans importants pendant les périodes turbulentes de l'histoire islamique. Un tel fils a supervisé la conquête de tout le nord du Soudan au XIXe siècle. Peu de temps après la fin de cette conquête, le prétendu Mahdi est décédé, laissant ses partisans avec beaucoup d'explications à donner. Il y a sans aucun doute au moins une personne acceptée comme Mahdi dans le monde musulman, bien qu'avec un petit nombre d'adhérents. Depuis plus d'un siècle, aucun prétendu Mahdis n'a attiré de partisans importants, mais cela pourrait se reproduire. De nombreux musulmans voient les conflits en cours entre le monde islamique et l'Occident à travers le prisme du jour du jugement imminent.

En général, la vision du monde de l'islam est relativement similaire à celle des autres religions monothéistes. Ce point de convergence est important car il suggère qu'en fin de compte, les musulmans, les chrétiens et les juifs ne sont pas si différents. Mais les distinctions sont également importantes.

N'importe quel musulman vous dira qu'il n'y a qu'un seul Dieu grand et miséricordieux. Sa création est une merveille qui nous permet de le voir. Rien ne se produit sans l'approbation de Dieu, même si vous avez lu ce texte en entier.

Tout ce qui arrive a aussi le consentement de Dieu ; par conséquent, si vous finissez ce paragraphe mais posez le livre avant, vous devriez accepter cela comme la volonté de Dieu. Cette compréhension de la volonté de Dieu soutenait autrefois le stéréotype occidental commun selon lequel les musulmans sont « passifs » et « fatalistes », qui a une certaine base dans la réalité, du moins par rapport à l'Américain moderne typique. Cependant, pour la plupart des musulmans, avoir une volonté inébranlable de réussir malgré tous les obstacles et une foi sans restriction en ses capacités est un signe d'immaturité plutôt qu'une vertu.

Le Prophète était un être humain typique, même si certains musulmans lui attribuent certains traits incroyablement étranges. Les anges sont aussi réels que les gens, bien qu'ils soient d'un ordre inférieur parce qu'ils ne peuvent pas faire la distinction entre le bien et le mal, et Dieu leur a parlé à travers un seul. Bien qu'ils aient le libre arbitre et fassent parfois ce qu'il faut, tout comme les humains, les djinns sont aussi réellement et fréquemment craints. Satan est probablement un djinn, mais il peut être un ange déchu. Il peut être trouvé à l'extérieur des mosquées plus fréquemment que dans les bars.

Il existe des forces invisibles, telles que le hassad, l'envie, qui cause du mal, et la baraka , ou la grâce divine, qui confère des bénédictions spirituelles, une bonne santé et la prospérité. Les personnes qui aiment la baraka ressemblent beaucoup à celles qui vénèrent les anges, tandis que celles qui craignent le hassad ressemblent beaucoup à celles qui craignent les méchants djinns. Qu'ils soient vivants ou morts, les fidèles comme les cheikhs soufis ou d'autres que d'autres pourraient considérer comme de saints simples d'esprit reçoivent la baraka et peuvent faire des miracles.

Les humains sont créés avec la capacité de bien vivre, ce qui implique de respecter la loi islamique, telle que prescrite par la charia. Ils naissent sans péché et avec la connaissance de Dieu, mais le monde réfute cette première compréhension. Bien qu'il n'y ait pas de « péché originel », puisque les humains ne sont pas des anges, ils pèchent inévitablement. En ce qui concerne le jour du jugement, ils pourront peut-être compter sur la miséricorde de Dieu dans une certaine mesure. Bien que le ciel et l'enfer soient plus discutés dans les sermons musulmans que dans les sermons de la plupart des prédicateurs chrétiens contemporains, ils sont encore ignorés par les moins pieux, comme ils le sont partout.

CONCLUSION

L'islam est l'une des principales religions du monde et la religion non occidentale dont les Occidentaux sont le plus conscients, en grande partie à cause du conflit. C'était autrefois la religion d'un empire mondial sophistiqué et puissant, mais c'est aujourd'hui la religion de certaines des régions les moins dynamiques du monde, souvent trouvées dans des pays qui ont délibérément évité l'intégration dans un monde de plus en plus globalisé. L'islam apparaît souvent aux Occidentaux comme très différent et peu attrayant.

L'islam, cependant, a beaucoup en commun avec le judaïsme et le christianisme. Comme les autres religions monothéistes, elle est fondée sur un texte sacré donné par Dieu (le Coran) et sur les enseignements de son fondateur (le prophète Mahomet, dont la vie et les paroles sont consignées dans le hadith). Dans la pratique, cependant, ce que les musulmans suivent n'est pas tant l'islam que la charia, résultant des interprétations du Coran et des hadiths au fil des siècles. La charia n'est plus la loi nationale dans la plupart des pays musulmans, mais reste la norme à laquelle les musulmans se réfèrent quotidiennement. Une grande partie de ce livre a traité de la charia et de son application dans la vie quotidienne.

La charia a été initialement construite par les oulémas, des érudits qui ne sont pas des prêtres, car ils n'ont pas de fonctions sacramentelles et ne sont pas principalement chargés d'encourager un comportement excellent et religieux. Cette responsabilité incombe à tous les membres de la communauté musulmane locale, qui dans le monde musulman est basée autour des villages et des quartiers urbains, et en Occident autour de la mosquée ou du centre islamique. Ce rôle communautaire de la mosquée donne aux Imams une nouvelle importance en Occident. Pourtant, dans le monde musulman, les oulémas sont aujourd'hui beaucoup moins vitaux qu'autrefois et n'attirent plus les meilleurs talents. Les intellectuels musulmans formés aux sciences modernes prennent de plus en plus leur place.

Il existe plusieurs versions différentes de la charia, produisant plusieurs dénominations différentes de l'islam. Le plus important est l'islam sunnite majoritaire et l'islam chiite que l'on trouve en Iran, en Irak, au Liban, au Pakistan et en Occident. Ensuite, il y a aussi des dénominations plus petites comme les Ismailis.

Certains soutiennent que le wahhabisme est une nouvelle dénomination ; il s'agit certainement d'une version de l'islam sunnite différente de celle pratiquée par les musulmans traditionnels.

La différence entre l'islam sunnite et chiite est importante. Pourtant, à bien des égards, il est moins important que la différence entre l'Islam traditionnel et moderne, une différence produite au cours des 150 dernières années par une réaction invisible à l'avènement de la modernité, dans un processus similaire à la Réforme européenne. En ce qui concerne la vie de tous les jours, la différence la plus importante se situe entre les musulmans pieux et les moins pieux.

Les musulmans fervents modernes (qu'ils soient sunnites, chiites ou wahhabites) sont généralement appelés « fondamentalistes », mais ce n'est pas leur attitude envers les fondamentaux qui les rend différents. Elle est fondée sur leur attitude à l'égard des aspects plus spirituels de l'islam traditionnel, qu'ils rejettent, et de l'application relativement stricte de l'islam aux questions sociales et politiques, sur lesquelles ils insistent souvent. Tous les musulmans modernes fervents ne sont pas des terroristes ou même politiquement actifs, mais tous les terroristes musulmans sont des musulmans modernes (ou wahhabites). Leur motivation est finalement plus politique que religieuse.

Les aspects de l'islam qui inquiètent le plus les Occidentaux concernent le traitement des adeptes d'autres religions, la violence et les relations entre les sexes. La charia considère les non-musulmans comme essentiellement différents des musulmans et extérieurs à la communauté. Il n'y a pas de mouvement répandu prônant la non-violence, et peu de musulmans voient une objection aux châtiments corporels, que ce soit pour les criminels, les enfants ou les épouses désobéissantes. La vision de l'Islam selon laquelle les femmes sont inférieures aux hommes et ont besoin de conseils et de protection masculins a peu d'échos dans l'Occident moderne, et la ségrégation des hommes et des femmes pour éviter les circonstances où le désir sexuel pourrait être indûment et illégitimement éveillé est également étrangère à la pratique occidentale.

Les différences dans la pratique, cependant, ne sont pas aussi grandes que les différences dans la théorie. Les relations individuelles entre musulmans et non-musulmans peuvent être bonnes, les systèmes juridiques de la plupart des pays musulmans sont basés sur des lois très similaires à celles en vigueur en Occident, et les musulmans individuels s'opposent généralement à l'usage excessif de la violence. Bien que les femmes soient souvent désavantagées par rapport aux hommes, tant sur le plan juridique que culturel, les femmes et les familles individuelles organisent toujours leur vie d'une manière qu'elles trouvent entièrement satisfaisante. Certaines féministes musulmanes demandent que les femmes reçoivent les droits qui leur sont accordés par l'islam et puissent faire plus de progrès à l'avenir.

Une différence plus importante entre le monde musulman et l'Occident est la politique. Les islamistes sont importants dans la politique du monde musulman et visent à établir des États où la charia et l'islam fonctionnent comme une idéologie globale. Ils sont soutenus par de nombreux musulmans, principalement parce qu'ils semblent être la seule véritable alternative aux systèmes discrédités et impopulaires. Lorsqu'il n'existe aucune voie démocratique vers le pouvoir, les islamistes peuvent recourir à des tactiques révolutionnaires et insurrectionnelles, y compris le terrorisme. Généralement, à mesure que le nombre de victimes innocentes du terrorisme augmente, les islamistes perdent leur soutien.

Bien que le conflit entre les régimes islamistes et non islamistes soit un conflit au sein du monde musulman, il déborde parfois dans d'autres domaines, s'entremêlant avec de nouvelles formes du conflit de longue date entre le monde musulman et l'Occident. Ce conflit est en partie culturel et résulte de la géographie, de l'histoire et de la politique. Le monde musulman et l'Europe sont de proches voisins et sont en conflit d'une manière ou d'une autre depuis plus de mille ans. Pendant la Seconde Guerre mondiale et la guerre froide, de nombreux États arabes et musulmans ont pris le parti opposé à celui de leurs anciens maîtres coloniaux, ce qui signifiait également contre l'Amérique. Les relations américano-musulmanes sont également compliquées par le conflit arabo-israélien de longue date, qui était autrefois un conflit nationaliste mais qui est maintenant, à bien des égards, également un conflit religieux.

À la suite de ces conflits, de nombreux Occidentaux, notamment en Europe, s'inquiètent de la présence à long terme des musulmans dans les sociétés occidentales. Les islamistes radicaux aliénés en Occident constituent une menace immédiate pour la sécurité, mais il est difficile d'imaginer des circonstances dans lesquelles des immigrants musulmans pourraient fondamentalement changer l'Occident. Il est plus probable que l'Occident changera les immigrants en les intégrant dans le courant dominant en tant que musulmans non pratiquants ou partiellement pratiquants ou en encourageant le développement d'un nouvel islam postmoderne. Les vues des textes sacrés comme contenant principalement la vérité symbolique et des principes de la religion comme développements historiques sont répandues en Occident. De telles vues sont de plus en plus accessibles aux intellectuels musulmans en contact avec l'Occident. Les forces qui, au XIXe siècle, ont produit le judaïsme réformé, pourraient, en fin de compte, faire quelque chose de semblable à l'islam.

En écrivant ce livre, j'étais assis un jour avec deux Américains. L'un, Alex, parlait de se convertir à l'islam pour épouser Mariam, sa petite amie palestinienne. Mariam n'était pas particulièrement dévote, mais ses parents l'étaient, et Alex avait accepté que pour eux, il devait devenir musulman avant que lui et Mariam puissent se marier. L'autre Américain, Ismail, s'était converti à l'islam — pour des raisons spirituelles plutôt que conjugales — quelques années auparavant. Alex a passé en revue les problèmes évidents avec Ismail, et Ismail a donné plusieurs réponses rassurantes, similaires à certaines des opinions représentées dans ce livre. Alex n'avait toujours pas l'air convaincu. « Oui, » dit-il, « mais ne peux-tu pas me dire quelque chose de bien sur l'islam ? »

Ismail réfléchit un moment. "En fin de compte," dit-il, "la meilleure chose à propos de l'islam est qu'il vous donne accès à Dieu. Peut-être que d'autres religions le font aussi, mais l'islam le fait mieux que tout autre que je connaisse. C'est le but de toutes ces règles - si vous les suivez, vous pouvez aller là où vous ne pourriez pas aller autrement. L'accès à Dieu est difficile à comprendre pour beaucoup de gens. Peut-être avez-vous ressenti quelque chose comme ça parfois, peut-être en contemplant la nature. Freud l'appelait un sentiment 'l'océanique', bien qu'il le comprenne assez différemment. Avant de devenir musulman, je l'ai senti une fois assis au bord d'un lac pendant un magnifique coucher de soleil. Quoi qu'il en soit, c'est le point sur l'islam : au lieu d'arriver par hasard une ou deux fois dans une vie, cela peut arriver tout le temps.

On peut voir quelque chose de cet accès à Dieu — ou à l'océan — sur les visages de nombreux musulmans du monde musulman - dans ce que la poétesse britannique Kathleen Raine a appelé 'des visages d'une beauté rayonnante et de la joie de vivre'. Dans des villes comme Le Caire, malgré la pauvreté et le désordre, il est parfois possible d'entrevoir quelque chose de magiquement beau. Le clin d'œil, le laid et le banal se transforment en spécial, en brillant. C'est, en fin de compte, peut-être le vrai point sur l'Islam.

Printed in France by Amazon
Brétigny-sur-Orge, FR